Hans-Günter Behrendt

Flugabwehr in Deutschland

Stationierungsorte und Systeme 1956 – 2012

In Erinnerung an

Brigadegeneral Helmut Schüler (1915 – 2000),
der nicht nur in der Zeit 1968 – 1974 als General der Heeresflugabwehrtruppe
und Inspizient der Fliegerabwehr aller Truppen des Heeres die Abwehr der
Bedrohung aus der Luft in der Bundesrepublik geprägt und zukunftsorientiert
hat.

Hans-Günter Behrendt

Flugabwehr in Deutschland

Stationierungsorte und Systeme 1956 – 2012

mit einem Vorwort von

Brigadegeneral a.D. Udo Beitzel

und mit Beiträgen von

Michael Kleibömer und Dr. Heiner Möllers

2021

Carola Hartmann Miles-Verlag

Bibliografische Information der Deutschen Nationalbibliothek
Die Deutsche Nationalbibliothek verzeichnet diese Publikation in der Deutschen Nationalbibliografie; detaillierte bibliografische Daten sind im Internet über www.dnb.de abrufbar.

© 2021 Carola Hartmann Miles-Verlag, Berlin
www.miles-verlag.jimdo.com
email: miles-verlag@t-online.de
Herstellung: Books on Demand, Norderstedt

Einbandbilder: vorn: Flak M16, FlaRak-System Nike-Hercules, Sekundärradar Parol und FlaRakRad Roland, FlakPz Gepard;
hinten: Tätigkeitsabzeichen Raketendienst und Barett-Abzeichen Heeresflugabwehrtruppe (GemHFlaTr/Autor)

Printed in Germany

ISBN 978-3-96776-014-9

Inhalt

Schutz vor dem Feind in der Luft

Brigadegeneral a.D. Udo Beitzel

Technischer Fortschritt hat sich stets schnell auf die militärische Ausrüstung ausgewirkt und die Gefechtsführung im Kleinen sowie die Kriegsführung im Großen revolutioniert. Im 20. Jahrhundert war dies vor allem den neuen Möglichkeiten in der dritten Dimension geschuldet. Das bestimmende Moment in der Konkurrenz zwischen den Angreifern in der Luft und den schützenden Truppen am Boden lag im Bereich der Luftfahrzeuge. Sie steigerten ihre Leistungsmerkmale und waren stets einige Schritte voraus durch:

- die Erhöhung der Fluggeschwindigkeit,
- die Verbesserung der Eignung zum Tiefflug,
- die Erhöhung der Kapazität, Bewaffnungen zuzuladen,
- die Vergrößerung der Waffenvielfalt und der Waffenwirkung,
- die Steigerung der Aufklärungsmöglichkeiten und
- die Verfeinerung der Angriffsverfahren.

Der so erreichte Gewinn an Flexibilität und Wirkung war Mitte der 1950er Jahre in beiden Teilen Deutschlands bestimmend beim Aufbau der Flugabwehr- und Luftverteidigungskräfte. Ungeachtet der grundsätzlich gegensätzlichen gesellschaftspolitischen und strategischen Ausgangslagen erfolgte die Ausrüstung und Stationierung der Truppen in beiden Teilen Deutschlands mit dem Bestreben, Schutzschirme gegen mögliche oder angenommene Bedrohungen aus der Luft zu bilden. Der entwickelten Steigerung an Flexibilität, Bedrohung und Wirkung konnten die Luftverteidigungs- und Flugabwehrkräfte der Bundeswehr zunächst nicht ausreichend begegnen. Im Osten Deutschlands wurde zeitgleich die parallele Entwicklung westlichen Potentials als Bedrohung interpretiert, gegen die es galt, wegen der Gefahr von Angriffen des „Klassenfeindes" Vorsorge zu treffen.

Der Autor beschreibt in dem vorliegenden Band die Anstrengungen, mit den Entwicklungen des jeweiligen Feindes in der Luft Schritt zuhalten: In der Bundeswehr zunächst durch die Übernahme von Waffen und Gerät aus den Beständen der US-Streitkräfte, dann die eigenen Weiterentwicklungen der Luftverteidigungsmittel zusammen mit den USA und anderen NATO-Partnern, bis hin zur Entwicklung eines eigenen Heeresflugabwehrsystems. In der Nationalen Volksarmee waren es dagegen sowjetische Doktrin, Technologie und Führungsphilosophie, die die Stärke und das Bild der Kräfte der Luftverteidigung und der Truppenluftabwehr prägten.

Neben einleitenden Grafiken zur räumlichen Verteilung und zur Dichte der Truppenteile stehen die Beschreibungen der Waffensysteme. Sie werden mit Illustrationen und der Darstellung ihrer Leistungsfähigkeiten ergänzt. Neben der ausführlichen Behandlung der Technik gibt der Autor auch Einblick in die jeweiligen Hintergründe, etwa bei der Auseinandersetzung zwischen Heer und Luftwaffe der Bundeswehr über die Zuordnung der Luftverteidigungs- und der Flugabwehrkräfte. Die 1956 getroffene Grundsatzentscheidung und 1964 abgeschlossene Regelung hatte bis über die Jahrtausendwende Bestand. Sie war gut geeignet, das über lange Jahre geltende strategische Konzept der Vorneverteidigung auszufüllen:

- Die Flugabwehrraketentruppen wurden dabei zum Schutz des Raumes an ihre ortsfesten Stellungen gebunden. Der Tieffliegergefahr in den Verteidigungsräumen der Brigaden des Heeres konnten sie dabei nur unzureichend begegnen, da gegnerische Luftfahrzeuge ihre Radarüberwachung unterfliegen konnten.

- Die Heeresflugabwehrtruppe war in die Operationsführung der Landstreitkräfte eingebunden. Ihre Fähigkeit zur Bekämpfung von Tieffliegern im direkten schwerpunktmäßigen Schutz von Heeresverbänden konnte die Lücke im Abwehrsystem ausfüllen.

Es ist schwer zu verstehen, dass dieses Konzept später aus überwiegend finanziellen Gründen für eine Bundeswehr, die zur Landesverteidigung und zum Einsatz außerhalb der eigenen Grenzen befähigt sein sollte, aufgegeben wurde. Die Einsicht, dass dies ein Fehler war, ist inzwischen allgemeiner Konsens.

Mit Beginn der 1970er Jahre verfügte die Bundeswehr über die modernste Heeresflugabwehr des NATO-Bündnisses. Die neuen Waffensysteme hatten ihre eigenen, autonomen Radargeräte, konnten jedoch nicht miteinander gekoppelt werden. Im Divisionsgebiet entstanden daher stets Aufklärungslücken. Zudem waren die Truppenführer oft auch vom kurzzeitigen Betrieb der Radargeräte der Waffensysteme nicht begeistert, weil durch Aufklärung ihrer Emissionen Rückschlüsse auf die Operationsplanung möglich waren. Das Heeresflugabwehr-Aufklärungs- und Gefechtsführungssystem (HFlaAFüSys) sollte die Ergebnisse von Aufklärungsmitteln des Heeres und der Luftwaffe zusammenführen, die Führung flexibler machen und die Feuerleitung bis in die Flugabwehrbatterien unterstützen. Es wurde als Gesamtsystem mit den Flugabwehrkanonen- und -raketenpanzern konzipiert. Seine Einführung verzögerte sich aber über 30 Jahre immer wieder, und so wurde es im Ganzen praktisch nicht realisiert. Für die Heeresflugabwehr hätte HFlaAFüSys auch einen wesentlichen Beitrag zur Identifizierung von Freund und Feind im Luftraum liefern können. So mussten Lücken in den Identifizierungsmöglichkeiten durch Flugregelungen für eigene Luftfahrzeuge und Feuerregelungen für die Heeresflugabwehr gemildert werden.

8

Mit der Auflösung der Nationalen Volksarmee wurden auch Waffen und Gerät der Luftverteidigung und der Truppenluftabwehr frei. Dies fiel zusammen mit den internationalen KSZE-Verpflichtungen, die in der Bundeswehr bereits verfügbare Ausrüstung auszudünnen. Daher stand eine umfängliche Übernahme nicht mehr zur Diskussion. Die Heeresflugabwehrtruppe übernahm lediglich Fliegerfäuste Strela für Ausbildung und Übung und Igla zur Ergänzung der Bewaffnung des Leichten Flugabwehrsystems. Die Luftwaffe gliederte vorübergehend zwei FlaRak-Verbände Gammon in die Luftverteidigung ein. Der Verfasser hat die teilweise leistungsstarke Ausrüstung dennoch in die „Waffensammlung" aufgenommen und die Waffen- und Systementwicklungen technisch im Detail sowie in ihrem systematischen Aufbau und den Möglichkeiten zur Flugzielbekämpfung dargestellt. Für den technisch versierten Leser ist der Vergleich sicherlich von Interesse, auch weil die sich ergebenden Konsequenzen für die Operationsführung deutlich werden.

Nun gilt es, den Blick nach vorne zu richten. Die Luftwaffe hat den Gesamtauftrag "Schutz gegen den Luftfeind" übernommen. Sie verfügt jedoch nicht über die Mittel, diesen Auftrag zu erfüllen. Insbesondere die Bekämpfung von unbemannten Flugobjekten, taktischen ballistischen Flugkörpern und Geschossen verschiedener Art, objektbezogen wie auch im beweglichen Einsatz, ist zurzeit nicht möglich.

Das Heer prüft, wie man wenigstens Verbände im Gefecht durch eine „Qualifizierte Fliegerabwehr" schützen könnte. Eine neue Bedrohung durch eine Generation von einzeln oder in Schwärmen angreifenden Klein-Luftfahrzeugen zeichnet sich ab.

Aufbau und Anfänge: 1956 – 1972

Erste Überlegungen und Planungsansätze

Die Blockade der Westsektoren Berlins durch die sowjetische Besatzungsmacht vom Juni 1948 bis zum Mai 1949 verstärkte die Befürchtungen vor einem bewaffneten Konflikt mit dem Ostblock. In dieser Zeit tauschten hohe Offiziere der ehemaligen Wehrmacht ihre Gedanken in vertraulichen Einzelgesprächen aus[1]. Generalleutnant a. D. Adolf Heusinger verfasste mehrere Studien, die eine mögliche bewaffnete Auseinandersetzung zum Thema hatten, und Generalleutnant a. D. Dr. Hans Speidel erstellte eine Denkschrift über die Sicherheit Westeuropas. In der Zusammenarbeit beider Generale wurden die ersten Überlegungen zu einem deutschen Verteidigungsbeitrag konkretisiert. Die Flak-Artilleristen befassten sich dabei mit dem Thema „Deutsche Leitsätze zum Einsatz und zur Führung von Flak-Artillerie". An ihrer Spitze stand Generaloberst a. D. Günther Rüdel, erster Inspekteur der Flakartillerie der Wehrmacht. Stellungnahmen zu den Ausarbeitungen der Flak-Artilleristen erarbeiteten Generaloberst a. D. Franz Halder und Oberst a. D. Alfred Zerbel[2].

In einer Situation, in der mit Rücksicht auf die Öffentlichkeit in den westlichen Ländern und in der Bundesrepublik Deutschland eine Entscheidung für eine deutsche Wiederbewaffnung nur behutsam eingeleitet werden konnte, brach der Koreakrieg aus. Der Überfall nordkoreanischer Truppen auf die Republik Südkorea Ende Juni 1950 traf die Öffentlichkeit in Europa unvorbereitet. Er beschleunigte die alliierten Forderungen nach einem Verteidigungsbeitrag der Bundesrepublik Deutschland. Offizielle, gleichwohl geheime deutsch-alliierte Sondierungsgespräche begannen. Auf Drängen der Alliierten ließ Bundeskanzler Konrad Adenauer vom 5. bis 9. Oktober 1950 einen militärischen Expertenausschuss in dem Eifelkloster Himmerod zusammentreten, der den deutschen Verteidigungsbeitrag umfassend erörterte, konzipierte und in einer Denkschrift zusammenfasste. Diese war die Grundlage auch für die Planungen der Dienststelle Blank bis 1956. Die Denkschrift unterscheidet in ihrem Abschnitt 3 „Konzeption des deutschen Kontingents" zwischen beweglicher und ortsgebundener Luftverteidigung. Alle Vorstellungen orientierten sich an dem Willen und den Fähigkeiten der Westmächte, insbesondere der USA. Dabei war eine Heeresflugabwehrtruppe unstrittig, eine Luftwaffen-Flugabwehr überraschenderweise allerdings sehr wohl umstritten. Die Planungen der „Dienststelle Blank" sahen die Heeresflugabwehr im Frieden als eigenständige Truppengattung mit etwa 22.000 Soldaten vor, eine Größe, die in den folgenden Jahrzehnten nie erreicht wurde.

Die Strukturen der ersten Jahre

Nach dem Scheitern der „Europäischen Verteidigungsgemeinschaft" (EVG) 1954 und dem NATO-Beitritt der Bundesrepublik Deutschland am 5. Mai 1955 durch Ratifizierung der Pariser Verträge folgte im Januar 1956 die erste konkrete Weisung zur Aufstellung des Heeres. Mitte des Jahres 1956 wurde die Heeresflugabwehrtruppe mit wesentlichen Teilen auf allen Ebenen, d.h. den Truppenteilen, der Flugabwehrschule, dem Truppenamt und den Flugabwehr-Anteilen in verschiedenen Heeresstäben ins Leben gerufen. Hinsichtlich ihrer Organisation, ihrer Gliederung und ihrer Dislozierung stand die Truppengattung jedoch immer wieder vor neuen Herausforderungen. Dazu zählte auch der schließlich verworfene Vorschlag, die Truppengattung in die Organisations- und Führungsstrukturen der Artillerie einzubinden.

Bei der Aufstellung der Flugabwehrverbände galt es, der Forderung nach drei Flugabwehrbataillonen auf Korpsebene und elf Divisionsflugabwehrbataillonen nachzukommen. Für Korpsbataillone standen radargesteuerte Rohrwaffensysteme Flak 75 mm Skysweeper (bis 1961) und Flak 40 mm L70 zur Verfügung; die Bataillone der Divisionen erhielten zunächst die Halbkettenfahrzeuge M16 mit Vierling Fla-MG 12,7 mm (bis 1959) und anschließend die Zwillings-Flak 40 mm L60.

Die Mitte der 1950er Jahre vorherrschende Lagebeurteilung hinsichtlich eines militärischen Konfliktes in West- und Mitteleuropa umfasste besonders den möglichen Einsatz taktischer Atomwaffen. Zur Zeit der Gründung der Bundeswehr verfolgte die NATO das Verteidigungskonzept des „Containments" und konventionell der „Vorneverteidigung": Die deutschen Streitkräfte sollten bis zum Eintreffen der Kräfte aus den USA und Kanada zur Verteidigung Europas so weit ostwärts wie möglich beitragen. Ab 1957 galt das Konzept der „Massiven Vergeltung" mit einem frühzeitig einzusetzenden atomaren „Schwert" und dem konventionellen „Schild" zur Abwehr lokaler Übergriffe sowie zur zeitlich begrenzten Verzögerung.

Diesem Szenario sollte durch ein modern gegliedertes Heer mit hoher Beweglichkeit und daraus resultierender schneller, lageangepasster Führung entsprochen werden. Der Schwerpunkt zur Verwirklichung der damaligen Vorstellungen lag auf den Brigaden.

Dieses hatte zur Folge, dass in der Zeit von 1959 bis Ende 1960 bei einer Gesamtzahl von 34 Brigaden insgesamt 18 Brigadeflugabwehrbatterien aus den gerade aufgestellten oder noch aufwachsenden Flugabwehrbataillonen herausgelöst und den Brigaden unterstellt wurden. Die daraus resultierende Einschränkung der Kampfkraft der Flugabwehrbataillone und die damit verbundene Reduzierung der Einsatzmöglichkeiten führte jedoch dazu, dass diese Einheiten zwischen 1962 bis 1967 wieder rückunterstellt oder zur Aufstellung neuer Flugabwehrverbände herangezogen wurden.

Das Ringen um die Zugehörigkeit der Flugabwehr

Bis 1964 beeinflusste die Frage, welcher Teilstreitkraft die Flugabwehr zugehörig sein sollte, die weitere Entwicklung maßgeblich[3]. Im Sommer 1956 ging die Heeresführung davon aus, dass die gesamte Flugabwehr, damals unter den Bezeichnungen „Flugabwehr-Artillerie" und „Flugabwehr-Raketentruppe", dem Heer zuzuordnen sei. Sie erhob diesen Anspruch mit Nachdruck. Dagegen argumentierte die Führung der Luftwaffe im Herbst des gleichen Jahres, dass aufgrund der gleichen Aufgaben von bodenständiger Flugabwehr und Feldflugabwehr deren Führung unteilbar sei. Somit gehöre die gesamte Flugabwehr und Luftverteidigung in die Verantwortung der Luftwaffe.

Ende November 1956 wurde die Situation durch eine politische Entscheidung im Bundesministerium der Verteidigung vorerst geklärt. Danach wurde der Schwerpunkt der Luftverteidigung durch die bodenständige Flugabwehr der Luftwaffe zugewiesen, die damit bei der Entscheidung sämtlicher Grundsatzfragen der Luftverteidigung die Federführung erhielt. Es wurden unterstellt:

- der Luftwaffe die in der bodenständigen Flugabwehr und zum Schutz der Flugplätze sowie der Großradarstellungen eingesetzten Flugabwehrkräfte,
- dem Heer die in der Feldflugabwehr eingesetzten Flugabwehrtruppen und
- der Marine die zum Schutz der Marineflugplätze und -Stützpunkte eingesetzten Marineflugabwehreinheiten.

Mit dieser Weisung des Bundesverteidigungsministeriums trat zunächst für zwei Jahre Ruhe an der „Fla-Front" ein. Die kontroversen Verhandlungen zogen sich allerdings unter Einschaltung des Militärischen Führungsrates (MFR) und des Ministers über mehrere Jahre hin. Im Spätsommer 1964 kam es schließlich zwischen den Teilstreitkräften zu einer Neuregelung: Die Flugabwehrtruppenteile wurden der jeweils für die Aufstellung verantwortlichen Teilstreitkraft truppendienstlich und für den Einsatz mit NATO-bedingten Einschränkungen unterstellt. Für das Zusammenwirken im Gesamtsystem der Luftverteidigung wurde die Luftwaffe verantwortlich. Die neue Anordnung besiegelte die Trennung von Heer und Luftwaffe.

Der Übergang zur modernen Heeresflugabwehr

Bereits Ende der 1960er Jahre verfestigten sich die Erfahrungen und die Erkenntnis, dass gemischte Flugabwehrverbände aus L60- und L70-Waffensystemen auf Grund der Unterschiedlichkeit der Waffensysteme sowohl taktisch als auch logistisch kaum sinnvoll führbar waren.

Auch setzte sich Anfang der 1970er Jahre im Heeresamt die Erkenntnis durch, dass der Bedrohung durch neue, schnellere und manövrierfähigere Luftfahrzeuge nur mit vernetzter Aufklärung und radargesteuerten Waffensystemen begegnet werden konnte.

Das war die Geburtsstunde der Systeme Flugabwehr-Kanonenpanzer Gepard, Flugabwehr-Raketenpanzer Roland und dem Heeresflugabwehraufklärungs- und –gefechtsführungssystem (HFlaAFüSys). Dem damaligen General und Inspizienten der Heeresflugabwehrtruppe, Brigadegeneral Helmut Schüler, war es vergönnt, diese umfassende Strukturänderung und Neuausstattung der Truppengattung durchzusetzen, die ab 1972 in die Hoch-Zeit der Heeresflugabwehrtruppe führte.

Verbände und Einheiten 1956 - 1961
ausgestattet mit Flak 75 mm (M51) Skysweeper

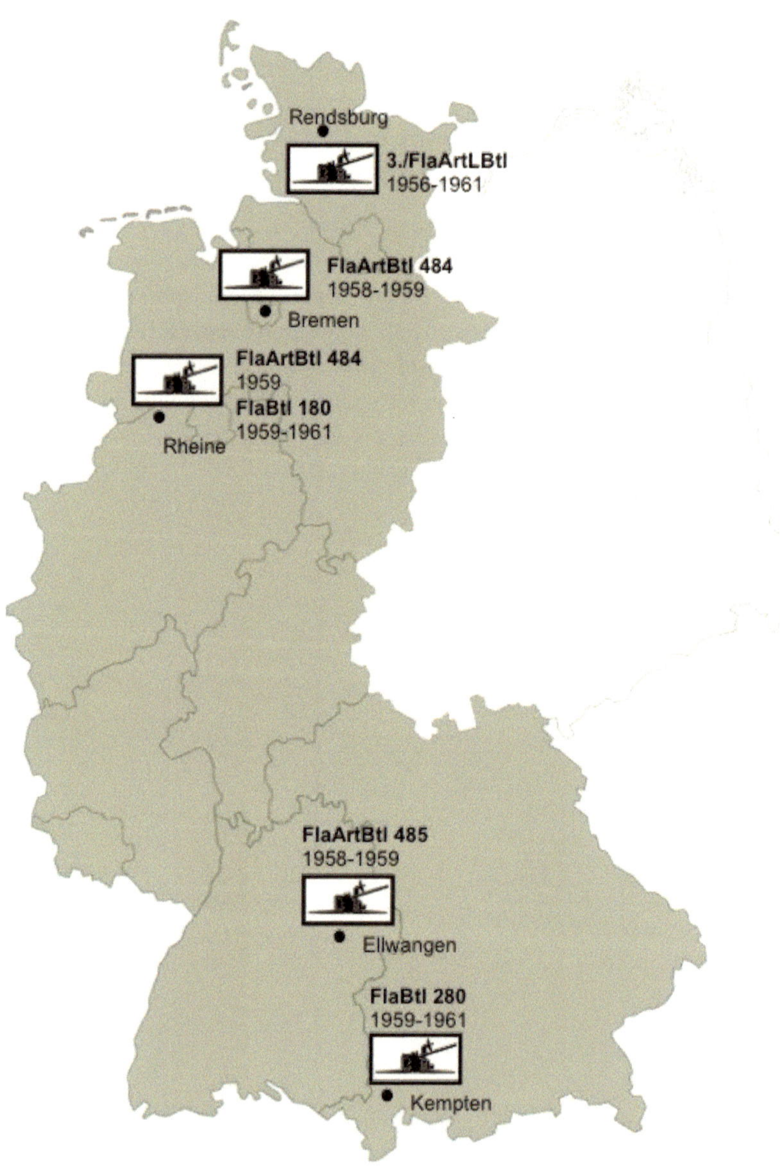

Flak 90 mm M1
Flak 75 mm M 51 SKYSWEEPER

Die ersten Waffensysteme, mit denen ab 1957 die in Aufstellung befindlichen Einheiten und Verbände der Flugabwehr der Bundeswehr ausgestattet wurden, waren die Flugabwehrkanonen 90 mm und 75 mm Skysweeper aus amerikanischen Beständen, deren Entwicklung bis in den Weltkrieg zurückreichte und die im Koreakrieg erfolgreich eingesetzt waren.

Während mit der Flak 90 mm nur eine Batterie des Fla-Lehrbataillons ausgestattet und dort erprobt wurde, sich aber nicht bewährte, konnte mit der Flak 75 mm Skysweeper das erste mit einem Radarsuchgerät und einem elektromechanischen Feuerleitrechner ausgestattete System eingeführt werden. Die nach dem Krieg entwickelte Waffe erforderte jedoch einen sehr hohen, zeitraubenden Wartungsaufwand vor dem Schießen, war störanfällig und von einer ständigen Unterstützung durch Instandsetzungsingenieure und Ersatzteilversorgung abhängig. Die ersten Bataillone verfügten über drei schießende Batterien mit je sechs Geschützen, einer Stabs- und einer Versorgungsbatterie. Die Bataillone wurden in der Regel geschlossen in zwei Ringen um ein Schutzobjekt eingesetzt. Die eingeschränkte Mobilität des Systems erwies es aber als ungeeignet für den Schutz sich bewegender Verbände des Heeres in der vorderen Kampfzone. Daher wurden die Bataillone recht bald der Luftwaffe unterstellt[4]; aus ihnen gingen später die Flugabwehrraketen-Verbände mit den Systemen Nike und HAWK hervor.

Das Geschütz hat eine 75 mm Kanone und ist mit allen Komponenten (außer dem Stromversorgungsaggregat) auf einer Feldlafette installiert. Sie ist mit zwei ausfahrbaren Radsätzen ausgestattet, die beim Instellunggehen mittels einer elektrohydraulischen Hebe- und Senkeinrichtung ausgefahren wurden. Zwei Revolvermagazine für 22 Patronen ermöglichen in Verbindung mit einem automatischen Lader eine Kadenz von 45 – 55 Schuss/Minute. Die effektive Reichweite beträgt im Einsatz gegen Flugziele maximal 6.580 m, die sich aus dem Messbereich des Rechners ergibt; Bodenziele können bis auf 13.700 m bekämpft werden. Die Munition verfügt über einen Aufschlag- und mechanischen, variablen Zeitzünder, dessen normaler Zündzeitpunkt auf 5.000 m eingestellt war.

Das Such- und Feuerleitradargerät T-38 auf der linken Seite der Waffe ist ein Pulsfolgeradar, das Ziele in maximal 22 km Entfernung und einer Geschwindigkeit bis 305 m/s erfassen kann. Ein 360°-Suchvorgang dauert ca. 40 Sekunden. Die vom Radar ermittelten Zieldaten werden vom elektromechanischen Feuerleitrechner als Vorhaltewerte an die Richtanlage übertragen. Zusätzlich verfügt das Geschütz über ein optisches Richtgerät mit Periskopen für das Richten der Seite und Höhe nach sowie ein Hilfszielgerät.

Das Geschütz mit einem Gesamtgewicht von 9,5 t wurde von einem Lkw 10 t Faun gezogen, der über eine hydraulische Räumschaufel vorn und einen Ladekran zum Abladen des Stromerzeugeraggregats von der Ladefläche verfügte. Die Besatzung einer Geschützgruppe bestand aus dem Geschützführer und acht Fla-Kanonieren.

<table>
<tr><td>

Flak 90 mm

Kaliber:	90 mm
V_0:	823 m/s
Kadenz:	25 Sch./min
Reichweite:	vertikal 11.300 m
	horizontal 17.800 m

</td><td>

Flak 75 mm

Kaliber:	75 mm
V_0:	875 m/s
Kadenz:	45-55 Sch./min
Reichweite:	vertikal 6.580 m
	horizont. 13.700 m
Richtbereich:	-6° - +85°
Munitionsgewicht:	8,4 kg

Geschütz:

Gesamtgewicht:	9,5 t
Maße: Länge/Höhe/Breite (m):	
Fahren:	8.05 / 2,74 /2,59
Feuerstellung:	6,78 / 2,16 /4,32

Radar:

Frequenzbereich:	8,4 – 9,6 GHz
Pulsfolgefrequenz:	3,8 kHz
Pulsdauer:	250 ns
Leistung:	40 kW

</td></tr>
</table>

Flak 90 mm M1

Geschützzug Flak 75 mm Skysweeper mit Lkw 10 t Faun

Richt- und Schießausbildung

Ansicht von vorn:
rechts das Radargerät;
hinten die Periskope und das
Hilfszielgerät

17

Verbände und Einheiten 1956 - 1959
ausgestattet mit Flak 12,7 mm Vierling (M16)

Anmerkung: Zeitlich begrenzt wurde der M16 bis Mitte der 1960er Jahre bei der Heeresflugabwehrtruppe auf Zug- und Batterieebene noch als Führungsfahrzeug ohne Waffe bis zur Einführung SPz kurz und M113 genutzt.

Flak 12,7 mm Vierling M16

Zur Erstausstattung der Flugabwehr gehörte auch die Flak 12,7 mm Vierling auf Halbkettenfahrzeug M16 aus amerikanischen Beständen. Das Grundfahrzeug war bereits vor dem Zweiten Weltkrieg entwickelt worden und zuletzt im Koreakrieg gegen Flug- und Erdziele eingesetzt. In der Bundeswehr wurden die Fahrzeuge durch eine höhere Seitenpanzerung modifiziert; es war das einzige Halbkettenfahrzeug, von dem insgesamt 192 in der Bundeswehr eingesetzt wurden. Die Forderung des Heeres, gepanzerte Verbände begleitend gegen Luftangriffe zu schützen, konnte jedoch nur bedingt erfüllt werden. Während wegen der hohen Kadenz der Waffenanlage auch gegen Strahlflugzeuge eine Wirkung erzielt werden konnte, erwiesen sich die Reichweite und Richtgeschwindigkeit der Waffe und die Geländegängigkeit im Zusammenwirken mit den zu schützenden Kampfpanzern als zu gering. Die Wirkung im Einsatz gegen Bodenziele wurde wegen einer guten Durchschlagsleistung positiv bewertet.

In den Flugabwehrbataillonen der Divisionen bildeten vier M16 einen Zug, die Batterien verfügten über jeweils vier Züge. Die Zahl der Einheiten in den Bataillonen variierte zwischen drei und vier. Die Geschützbesatzung bestand aus dem Geschützführer, dem Kraftfahrer, dem Richtkanonier und zwei Ladekanonieren, die für das Laden und Spannen von jeweils zwei Waffen zuständig waren.

Die Waffenanlage besteht aus vier gekoppelten Browning Maschinengewehren M2 cal .50 (12,7 mm), die auf einem Adaptersockel erhöht montiert ist. Die gegurtete Munition wird aus vier seitlich angebrachten Munitionskästen zugeführt, durch die der verfügbare Raum für die beiden Ladekanonier stark eingeschränkt wird. Die Richtanlage verfügt über einen elektrischen Antrieb und wird von einem Zusatzmotor mit Strom versorgt. Der Richtkanonier hat einen sehr beengten Platz in der Mitte zwischen den Waffen und verfügt über ein Reflexvisier, in das zwei Kreise zur Ermittlung des Vorhalts eingespiegelt werden.

Die Halbkettenfahrzeuge waren bis 1944 in den USA von verschiedenen Herstellern gebaut worden und ähnelten den früher in der Wehrmacht eingesetzten vergleichbaren Fahrzeugen. Sie waren zuverlässig und vergleichsweise schnell, aber schwer zu fahren, da ein Synchrongetriebe fehlt und die Ketten nicht seitendifferenziert angetrieben werden können. Trotz der zusätzlich angetriebenen Vorderachse war die Geländegängigkeit unbefriedigend.

In der Heeresflugabwehrtruppe wurde das System M16 durch den Zulauf der Flak 40 mm L60 ZwSF (M42) abgelöst und ausgesondert. Einzelne Halbkettenfahrzeuge wurden ohne Waffenanlage noch bis in die 1960er Jahre als

Führungsfahrzeuge auf Zugebene bis zur Ausstattung mit SPz kurz Hotchkiss und auf Batterieebene bis zum Zulauf von MTW M113 genutzt.

Ein Zug Flak 12,7 mm Vierling M16 im Gelände,
vorn das Führungsfahrzeug Lkw 0,75 t gl Borgward B 2000

Waffenanlage:	4 US MG 12,7 mm cal .50 Browning M2
Kadenz:	600 Schuss/Minute und Waffe
V_0:	875 m/s
Reichweite:	Flugziele ca. 1.000 m, Erdziele ca. 1.200 m
Zielerfassung:	optisch (Reflexvisier)
Gewicht pro Waffe:	38 kg
Trägerfahrzeug:	US Halftrack M2
Gesamtgewicht:	9,8 t
Maße:	Länge: 6,41 m, Breite: 1,96 m, Höhe: 2,50 m
Motor:	6 Zyl.-Otto; Leistung: 95,6 kW; Hubraum: 6.330 cm³
Getriebe:	4-Gang, Rückwärts, manuell unsynchronisiert
Fahrbereich:	280 km Straße; Höchstgeschwindigkeit: 72 km/h

Flak 12,7 mm M16 im Einsatz gegen Flugziele

Flak 12,7 mm M16 im Erdeinsatz

Eine gemischte Batterie des FlaArtLehrBtl in Rendsburg:
1. Zug Flak 40 mm L60 M42, 2. und 3. Zug Flak 12,7 mm M16

Verbände und Einheiten 1956 - 1980
ausgestattet mit Flak 40 mm L60 ZwSF (M42)

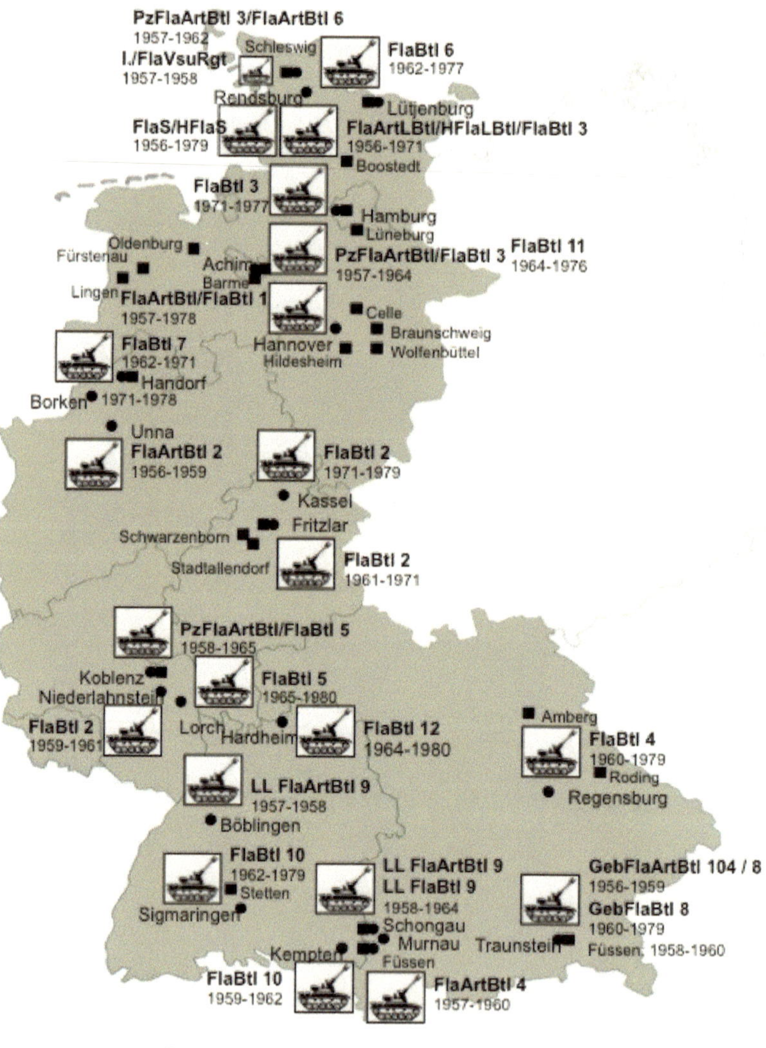

Flak 40 mm L60 ZwSF (M42)

Bereits bei der Aufstellung der Einheiten und Verbände der Heeresflugabwehrtruppe wurde deutlich, dass die verfügbaren Waffensysteme nicht dem sich am Ende der 1950er Jahre entwickelnden Luftangriffspotenzial entsprachen. Insbesondere fehlte ein mobiles System zum Schutz der Kampftruppenverbände im beweglich geführten Gefecht. Die schnelle Einführung der Flak 40 mm L60 als Zwillingsgeschütz auf Selbstfahrlafette, des amerikanischen Systems M42 „Duster", brachte zwar einen großen Leistungszuwachs, konnte jedoch wegen systembedingter Schwächen nicht alle Forderungen erfüllen, die sich aus dem Einsatz neuer Strahlflugzeuge als Bedrohung aus der Luft ergaben und auf dem Gefechtsfeld erforderlich waren. Gleichwohl prägte der M42 bis zum Ende der 1970er Jahre das Bild der Flugabwehr in den Divisionen und Brigaden, die bis 1965 über selbständige Batterien verfügten. Sie wurden dann zur Vereinfachung der Logistik in die Divisions-Bataillone integriert, die damit über vier Batterien M42 zu je drei Zügen mit jeweils vier Waffensystemen verfügten. Durch eine angepasste Stellungswahl und Fla-Kampfweise wurde stets angestrebt, möglichst viele Waffen gleichzeitig am Feuerkampf zu beteiligen. Die einzelnen Selbstfahrlafetten waren maximal 100 m voneinander entfernt und wirkten im geschlossenen Einsatz der Batterie gemeinsam in einen Hauptkampfraum. In der Regel konnte damit ein Bataillon parallel vier Schutzaufträge übernehmen; bei einem Rundumschutz eines Objektes war so die gesamte Flugabwehrkapazität einer Division gebunden.

Als Selbstfahrlafette nutzt der M42 ein modifiziertes Fahrgestell des leichten Kampfpanzers M41 mit einem 440 PS Fahrmotor und mit einem Hilfsmotor zur Stromerzeugung. Der M42 hat einen offenen Turm mit einer 40 mm Zwillings-maschinenkanone Bofors L60 M2A1. Die Bewegungen des Turms und der Waffe werden elektrisch angesteuert. Die Zielerfassung und Zielverfolgung erfolgt optisch durch ein Reflexvisier, dessen Vorhaltewerte über eine Rechendose ermittelt werden. An der Rechendose muss der Geschützführer die Flugrichtung und die geschätzte Fluggeschwindigkeit einstellen und kann dann – bei einiger Erfahrung – die Trefferlage durch Beobachtung der Leuchtspuren verbessern. Für den Notbetrieb gibt es Kreisvisiere und einen manuellen Richtantrieb. Als Munitionsvorrat wurden 480 Patronen 40 mm x 311 mit Leuchtspurgeschossen Sprengbrand oder panzerbrechend mitgeführt. Als Sekundärbewaffnung konnte ein MG 7,62 mm cal .30 M 1919 (später ein MG3) am Turm angebracht werden.

Als systembedingte Schwächen erwiesen sich der offene Turm wegen seiner nur bedingten Schutzwirkung und der hohe Kraftstoffverbrauch des 6-Zylinder Ottomotors, der den Fahrbereich auf der Straße auf 160 km und im Gelände auf teilweise unter 80 km begrenzte. Beim Schutz im begleitenden Einsatz war es wegen der geringen Geschwindigkeit im Gelände extrem schwierig, die Verbindung zu der sich mit größerer Geschwindigkeit bewegenden Kampftruppe zu halten. Im Erdeinsatz konnten dagegen bei guter Justierung der Waffe punktgenaue Treffer erzielt werden, wobei sich die hohe Kadenz der Waffe und die Splitter der Sprengbrandgeschosse als besonders wirksam zeigten.

Waffenanlage:	40 mm Zwillingskanone Bofors L60 M2A1
	vollautomatischer Rückstoßlader
Kadenz:	120 Schuss/Minute und Waffe
V_0:	875 m/s
Munition:	40 mm x 311, Leuchtspur Spr., SprBr.; Pzbr.; Üb.
Gewicht:	Patrone 2.100 g, Geschoss 900 g
Munitionsvorrat:	480 Schuss, zu je 4 geclipt
Reichweite:	Flugziele 1.500 m (2.000 m Anflug), Erdziele 2.000 m
Zielerfassung:	optisch: Reflexvisier mit Vorhaltberechnung; Kreisvisiere
Richtgeschwindigkeit:	Seite 40°/s, Höhe 25°/s
Richtbereich;	Seite 360° rechts/links; Höhe -5° – +85°
Sekundärwaffe:	US-MG 7,62 mm cal .30 M 1919 (ab 1970: MG 3)
Fahrgestell:	mod. KPz M41
Gefechtsgewicht:	22,5 t
Panzerung:	vorn 2,5 cm, hinten 1,27 cm
Maße:	Länge: 5,82 m, Breite: 3,23 m, Höhe: 2,85 m
Motor:	luftgekühlter 6 Zyl.-Otto-Boxermotor
Leistung:	323 kW (440 PS); Hubraum: 14.600 cm³
Getriebe:	Automatik 3-Gang, Rückwärtsgang
Tankinhalt:	530 l
Fahrbereich:	Straße 160 km, Höchstgeschwindigkeit: >72 km/h
	Gelände ca. 80 km, Geschwindigkeit: 17 km/h
Hilfsmotor:	4-Takt Einzylinder 14,7 PS
Besatzung:	Geschützführer, Kraftfahrer (zgl. Funker),
	Richtkanonier, zwei Ladekanoniere

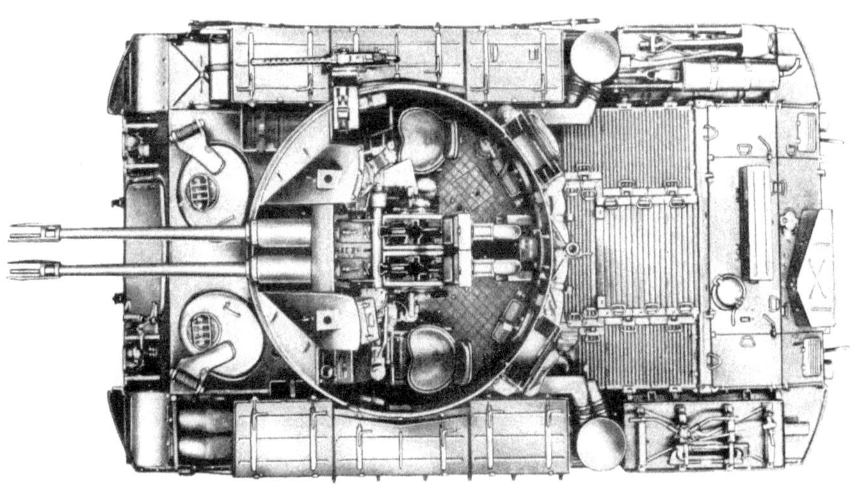

Draufsicht, Darstellung aus US-TM 9-7218, Mai 1957

Frontansicht

Ansicht von hinten;
Rechendose hinter dem rechten Schutzschild

Schulschießen auf dem Fla-Schießplatz Todendorf, 1965

Verbände und Einheiten 1956 - 1991
ausgestattet mit Flak 40 mm L70

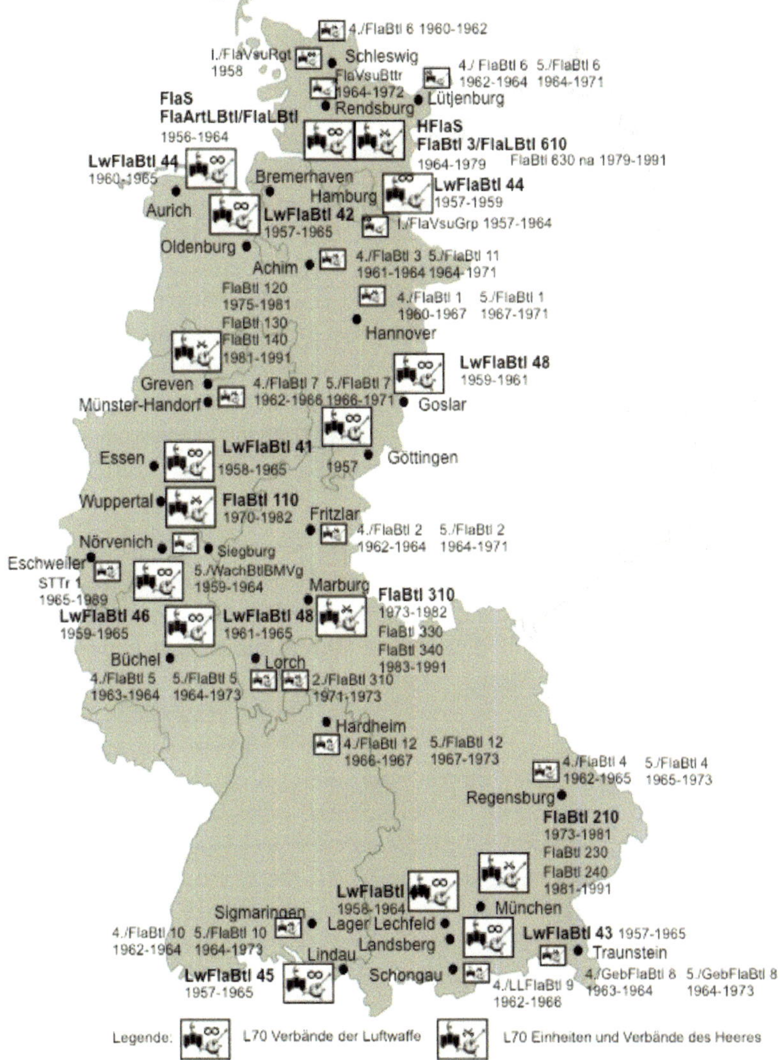

Flak 40 mm L70 mit Feuerleitgerät D VII B

Die Flak 40 mm L70 ist das erste Waffensystem, das als besonderes Beispiel für die Verbundenheit und Kooperation der Flugabwehr von Luftwaffe und Heer am Anfang der Bundeswehr steht. Sie war das Waffensystem, mit dem ab 1957 die Flugabwehrbataillone der Luftwaffe zu einem großen Teil mit Personalabgaben von Heeresflugabwehrbataillonen aufgestellt wurden. Ab 1964 waren diese Bataillone dann die Keimzellen für die Aufstellung der mit dem Waffensystem HAWK ausgerüsteten Flugabwehrraketenverbände; die Waffensysteme L70 wurden an das Heer abgegeben und als Ausstattung der 5. Batterien in die Flugabwehrbataillone der Divisionen integriert. Diese Struktur erwies sich jedoch hinsichtlich der Führung und Versorgung als nachteilig, da das Bataillon mit seinen vier M42-Batterien schwerpunktmäßig Schutzaufträge im beweglich geführten Gefecht zu leisten hatte, während die L70-Batterie oft in großer Entfernung im stationären Einsatz stand. Daher wurden die Batterien ab Mitte der 1970er Jahre aus den Divisionen herausgelöst und für die Aufstellung von Bataillonen auf Korpsebene zusammengezogen. Ab 1979 wurden diese Bataillone mit Zulauf der Flugabwehrraketenpanzer Roland zu Regimentern umgegliedert. Mit den L70-Systemen wurden zusätzlich jeweils zwei nicht-aktive, mit Reservisten besetzte Bataillone gebildet, die bis zur endgültigen Aussonderung der L70 Anfang der 1990er Jahre bestanden.

Das Geschütz nutzt eine spreizbare Kreuzlafette, die mit zwei abnehmbaren Radsätzen als Anhänger dient und in ihrem Unterbau die Anschlüsse für die Elektronik und elektrischen Richtantriebe enthält. Die Kanone ist eine weltweit bewährte 40 mm-Bofors Kanone aus den 1930er Jahren, die technisch der L60-Kanone ähnelt, aber über eine andere Munitionszuführung, ein längeres Rohr und einen anderen Hülsenauswurf verfügt sowie eine höhere Kadenz ermöglicht. Die größere Munition (40 mm x 365) hat eine Schussweite von max. 12.500 m, sodass Flugziele in Höhen bis zu 3.000 m und in einer Entfernung von bis zu 4.700 m (Selbstzerlegergrenze) bekämpft werden konnten. Die Geschütze eines Zuges können sowohl vollautomatisch ferngesteuert gerichtet und abgefeuert werden, als auch einzeln manuell durch die Besatzungen. In der Fernsteuerung weist das externe Feuerleitgerät Deisswil VIIB die Geschütze in Azimut und Elevation ein, die Besatzung ist nur für das Nachladen erforderlich. Bei Nahsteuerung sind die Geschütze vom Feuerleitgerät abgekoppelt, das Richten erfolgt über Richtgriffe und mittels der Visiere. Das Feuerleitgerät ist auf einem Anhänger installiert und umfasst ein kombiniertes Such- und Folgeradar sowie einen elektromechanischen Feuerleitrechner. Mit dem Radar können Ziele in mehreren Betriebsarten in bis zu 50 km Entfernung gesucht und ab 40 km im Conical-Scan Verfahren verfolgt werden. Der Feuerleitrechner ermittelt aus den Folgedaten die Vorhaltewerte für jedes der angeschlossenen Geschütze unter

Berücksichtigung der unterschiedlichen Stellungsdaten. Während einer Verfolgung können jedoch keine weiteren Ziele gesucht und vermessen werden. Im Betrieb des Feuerleitgeräts gibt es mehrere Umschaltmöglichkeiten auf manuelle Betriebsarten und optische Visiere. Im Laufe der Einsatzzeit erwiesen sich die fehlende Festzeichenunterdrückung und eine steigende Empfindlichkeit gegen elektronische Störmaßnahmen als nachteilige Einschränkungen; unter Berücksichtigung der eingeschränkten Mobilität, des großen Zeitbedarfs für das Instellunggehen, einschließlich der Ermittlung von Wetterdaten, wurden die letzten Gerätebataillone L70 bis 1991 aufgelöst und die Waffensysteme ausgesondert.

Geschützzug mit Lkw MAN 630 L2

Geschütz:	40 mm Bofors L70, vollautomatischer Rückstoßlader
Kadenz:	240 Schuss/Minute, normal im Einsatz 170 S/min
V_0:	1.030 m/s
Munition:	40 mm x 365, Leuchtspur Spr., SprBr.; Pzbr.; Üb.
Bereitschaftsladung:	16 Schuss, zu je 4 geclipt; Vorrat: 48 Patronen
Reichweite:	Flugziele 4.700 m (Zerlegergrenze), Höhe 3.000 m
Zielverfolgung:	Fernsteuerung, Nahsteuerung, manuell
Richtgeschwindigkeit:	Seite 85°/s, Höhe 45°/s
Richtbereich;	Seite 360° rechts/links; Höhe -5° – +90°
Gewicht:	kompl. als Anhänger: 4.700 kg; in Stellung: 3.850 kg
Bedienung:	Geschützführer, Kraftfahrer, 2 Richtkanoniere, drei Kanoniere zum Nachladen und Heranholen der Munition

Flak 40 mm L70 beim Schießen in Fernsteuerung
auf dem Fla-Schießplatz Todendorf an der Ostsee

Einsatz des Zuges Flak 40 mm L70.
Die Bedienung des Radargeräts befindet sich in dem Zeltanbau;
der Beobachter im Turm kann das Radar optisch einweisen

Feuerleitgerät D VIIB: Ansicht von hinten ohne Verdunkelung/Zeltanbau:
rechts Bedienelemente Radar, links Bedienteil Feuerleitrechner

---

Feuerleitgerät Oerlikon-Contraves Deisswil VIIB

Impulsradargerät für Rundum- und Sektorsuche, Conical-Scan Zielverfolgung

Frequenzbereich:	9,4 GHz
Pulsfolgefrequenz:	2,082 kHz; Pulsdauer: 300 ns
	Strahlbreite: 2,2°
Reichweite:	Suchbetrieb 50 km; Folgebetrieb 40 km;
	bei Radarrückstrahlquerschnitt 1 m²: 27 km
Berechnung der Schusswerte:	Zielentfernung: 300 – 9.500 m
	Zielgeschwindigkeit: max. 470 m/s
Höhenwinkel:	- 90 Strich – + 1.500 Strich
Wetterwerte:	Eingabe von Luftdichte, Windrichtung und
	Windstärke, V_0
Entfernung zu Geschützen:	max. 250 m
Höhenunterschied	max. 75 m
Bedienung:	Feuerleitgeräteführer, Flak-Feuerleitunteroffizier,
	5 Bediener, Kraftfahrer
Fahrgestell:	Sonderanhänger 4-Rad 3t
Stromversorgung:	2 separate Stromerzeugeraggregate SEA 30 kVA,
	je 1 für Geschütze und FLG
Bedienung:	Kraftfahrer, zgl. Gerätewart
Zugfahrzeuge:	6 Lkw Magirus-Deutz 7t A 6500

Waffen der Fliegerabwehr in der Bundeswehr und NVA

Die Fliegerabwehr ist eine Selbstverteidigungsaufgabe aller Truppen, bei der die eigenen Handfeuerwaffen, Maschinengewehre mit Fliegerabwehrvisier oder spezielle Maschinenwaffen eingesetzt werden. Grundlagen der Organisation, der Ausbildung und der Einsatzverfahren wurden bis 2012 von der Flugabwehr federführend erarbeitet.

Bereits seit Anfang der 1960er Jahre sind in der Bundeswehr beim Heer bei nicht für die Flugabwehr spezialisierten Truppen und bei den Sicherungsstaffeln der Luftwaffe als Standardwaffe Maschinenkanonen 20 mm eingeführt worden, die meist durch Soldaten in Zweitfunktion bedient wurden. Die Kanonen verfügen über spreizbare Feldlafetten oder Systemlafetten und können als Einachsanhänger verlegt werden. Die ersten Waffen waren Lizenzfertigungen der Hispano-Suiza 850 L/85, die in der Bundeswehr als MK 20–1 bezeichnet wurden. Die Fa. Rheinmetall verbesserte sie mit der Bezeichnung Rh 202 und stellte mit ihr eine vielseitig einsetzbare Maschinenkanone bereit, die auch als Bewaffnung von Schützenpanzern und Waffenträgern sowie in der Marine auf Booten, Tendern und Fregatten sowie landgestützt zum Schutz von Objekten Verwendung fand.

In einer ausgiebigen Erprobung und in zweijährigen Truppenversuchen wurden über 1 Million Schuss abgefeuert und die Funktion und Leistung der Waffe unter allen denkbaren Extrembedingungen geprüft. Sie erfüllt die Forderungen nach einer wirksamen Bekämpfung von Tieffliegern, Hubschraubern, Weichzielen bis 2.000 m, Hartzielen bis 1.500 m sowie einer sicheren Handhabung ebenso wie einer kurzen Ausbildungszeit für die Bediener. Ein besonderes Merkmal ist auch, dass jede verfügbare Munition im NATO-Standard-Kaliber 20 × 139 mm verschossen werden kann, insbesondere Sprengbrand (HEI), Panzerbrechend mit Leuchtspur (AP-T) und Treibspiegelmunition (APDS) mit einer Durchschlagsleistung von 44 mm auf 1000 m. Die Maschinenkanone kann zur Reinigung und Wartung ohne Werkzeug zerlegt werden.

Als FK 20-2 wurde die Rh 202 mit Drei-Wege-Gurtzuführer bei der Jägertruppe, den Pionieren, der Artillerie, der Heeresfliegertruppe sowie von Nachschub- und Instandsetzungstruppen neben der Fliegerabwehrrolle auch im Kampf gegen Erdziele eingesetzt. In einer Weiterentwicklung nutzte die Luftwaffe in den Sicherungsstaffeln die Rh 202 als Zwillingsgeschütz LAAG von 1972 bis 1992 für den Schutz von Flugplätzen und Objekten im Nächstbereich.

Maschinenkanone RH 202	
Kaliber:	20 x 139 mm
Kadenz:	800 – 1030 S/min
V_0:	1050-1150 m/s
Geschossgew.:	122-134 g
Eff. Reichweite:	2000 m; Erdz. 4000 m
Rohrlänge:	2002 mm
Gewicht:	83 kg
Gesamtlänge:	2612 mm

Maschinenkanone RH 202 LAAG	
Kaliber:	20 x 139 mm
Kadenz:	ca. 1000 S/min/Rohr
V_0:	1050-1150 m/s
Geschossgew.:	122 g; SprBrL,HartKL
Mun.Vorrat:	270 S/Waffe, gegurtet
Eff. Reichweite:	2000 m, Erdz. 4000 m
Rohrlänge:	2350 mm
Gewicht (fahrb.):	2100 kg
Maße (L,B,H):	4500, 2370, 1910 mm
Richtverfahren:	hydraulisch, mechanisch

In der **Nationalen Volksarmee der DDR** wurden von 1956 bis zu ihrer Auflösung 1990 in einer vergleichbaren Einsatzrolle zur Verteidigung gegen Angriffe aus der Luft schwere Maschinengewehre aus sowjetischer Produktion eingesetzt, die sowohl auf Feldlafetten als auch als Zusatzbewaffnung auf Kettenfahrzeugen genutzt wurden.

Das Fla-Maschinengewehr 12,7 mm DSchK war in der verbesserten Version 38/46 mit einer Radlafette bei Infanterietruppen im Einsatz, konnte als 1 t-Anhänger auch von leichten Fahrzeugen gezogen werden oder war auf Kampffahrzeugen montiert. Das Fla-MG 14,5 mm ZPU-2 wurde in den Flugabwehr-Zügen der motorisierten Schützenbataillone eingesetzt, ergänzt durch die Fla-M-Batterie auf Regimentsebene mit der Vierlingsversion ZPU-4. Ab 1964 wurden diese Waffen durch die 23 mm Zwillingsflak ZU 23-2 abgelöst[5]. Die vorhandenen Fla-MG wurden an Betriebskampfgruppen und Flugplatzkommandos abgegeben und später auch als Ausstattung für Mobilmachungsdivisionen eingelagert. In den Fla-Raketenbatterien der Truppenluftabwehr[6] kamen 23 mm Zwillingsflak ZU 23-2 als Nächstbereichsschutz gegen Luft- und Erdziele zum Einsatz. Die Batterien verfügten über je einen Flakzug mit je zwei Kanonen, die an den Standorten der Regimenter eingelagert waren; das Personal der Einheiten war V-gestellt.

Fla-MG 12,7 mm DSchK 38/46

Kaliber:	12,7 x 108 mm
theor. Kadenz:	560-600 S/min
prakt. Kadenz:	80-100 S/min
Dauerfeuer	
V_0:	830-850 m/s
Geschossgew.:	125-137g
Eff. Reichweite:	800-1600 m
Rohrlänge:	1070 mm
MG-Gewicht:	34 kg
Höhe m. Schutzsch.:	965 mm
Breite m. Lafette:	705 mm
Gewicht m. Lafette:	157 kg
Gesamtlänge:	2328 mm

Fla-MG 14,5 mm ZPU-2/4

Kaliber:	14,5 x 114 mm
Kadenz ZPU 2:	1100 S/min
Kadenz ZPU 4:	2200 S/min
Mun. Vorrat/Kasten:	150 Schuss
V_0:	990-1010 m/s
Geschossgew.:	200 g
Eff. Reichweite:	1500-4000 m
Rohrlänge:	2315 mm
Gewicht m. Lafette:	ZPU 2: 1000 kg
	ZPU 4: 2100 kg

23 mm Zwillingsflak ZU 23-2

Zwillingsflak ZU 23-2

Kaliber:	23 mm
Munitionsarten:	Pzbr,Splitterspr.,LSpur
Kadenz:	theor. 1.600-2.000 S/min
prakt. 400 S/min (mit 2 Rohren)	
V_0:	970 m/s
Masse Patrone:	0,450 kg
Geschossmasse:	0,189 kg
Schussweite:	2.500 m
Schusshöhe:	1.500 m
Höhenrichtbereich:	-10° bis +90°
Seitenrichtbereich:	unbegrenzt
Bodenfreiheit:	360 mm
Spurweite:	1.640 mm
Länge, Breite, Höhe (in Marschlage):	4.570, 1.830, 1.870 mm
Länge (mit Mündungsdämpfer):	2.555 mm
Feuerhöhe bei 0° Rohrerhöhung:	620 mm
Marschgeschwindigkeit im Gelände:	20 km/h
Marschgeschwindigkeit auf Straßen:	bis 70 km/h
Masse in Marschlage: Munition)	950 kg (mit Bezügen und
Masse einer Waffe:	72 kg
Masse eines Gurtkastens:	35,5 kg (mit 50 Granatpatronen)
Geschützbedienung:	1 Uffz., 5 Kanoniere
Zugfahrzeug:	le LKW „Robur" LO 1800/2000

Tragbare Flugabwehr-Lenkflugkörper

In den 1960er Jahren kamen mit der Bezeichnung MANPADS – Man Portable Air Defense System – tragbare, meist schultergestützte Flugabwehr-Lenkflugkörpersysteme zum Einsatz, die mit einem Infrarot-Suchkopf ausgestattet ihr Ziel nach dem Abschuss selbständig ansteuern („fire and forget"). Diese hochmobilen Systeme erlebten in den folgenden Jahrzehnten eine schnelle Entwicklung mehrerer Generationen mit steigender Zielempfindlichkeit, -genauigkeit und Wirksamkeit und werden insbesondere gegen tieffliegende Starrflügler und Hubschrauber eingesetzt. Die Systeme bestehen aus einem Startrohr mit den Bedienelementen und dem Flugkörper, der aus einem Ausstoßtriebwerk, einem Marschtriebwerk, der Zerstörladung und dem Suchkopf sowie der Steuerelektronik besteht.

In der Bundeswehr wurde als erstes MANPADS ab 1972 das US-Modell FIM-43 Redeye als Fliegerfaust 1 in der Heeresflugabwehrtruppe eingeführt. Der IR-Suchkopf reagiert auf die heißen Abgase der Triebwerke, sodass Treffer stets von hinten erfolgen. Die in den 1990er Jahren eingeführte Fliegerfaust 2 Stinger verfügt über einen gasgekühlten IR/UV-Suchkopf und kann auch kleine Ziele im Anflug mit hoher Resistenz gegen Gegenmaßnahmen und natürliche Störer bekämpfen. Der Flugkörper Stinger kann sowohl als Ein-Mann-Waffe als auch nach Adaption von einem Waffenträger verschossen werden. Der Einsatz erfolgte bei der Heeresflugabwehrtruppe in den Panzerflugabwehrkanonenregimentern und den mit dem Leichten Flugabwehrsystem LeFlaSys ausgerüsteten Batterien. Bei der Heeresfliegertruppe wird der Flugkörper als Bewaffnung des Kampfhubschraubers Tiger, bei der Luftwaffe durch eine Flugabwehrraketengruppe mit Waffenträger Ozelot (LeFlaSys) und bei der Marine durch Fliegerfausttrupps zum Schutz von Booten und Landeinrichtungen eingesetzt. Die Stinger-Systeme der Bundeswehr sind in einer internationalen Lizenzproduktion unter deutscher Leitung in Deutschland, den Niederlanden, Griechenland und der Türkei gefertigt worden.

In der NVA waren nahezu alle Einheiten der Landstreitkräfte mit Fliegerfäusten Strela 2 (NATO-Code: SA-7 Grail) und Igla (NATO-Code: SA-16 Gimlet) ausgerüstet. Bei der Auflösung der Nationalen Volksarmee der DDR übernahm die Bundeswehr 1990 die vorhandenen Bestände an Flugkörpern Strela und Igla. Nach langwierigen Zertifizierungen wurden die Strela bei der Heeresflugabwehrtruppe als Fliegerfaust 1-Ost beim schulmäßigen Fliegerfaustschießen und die Igla als Ergänzung der Munitionsausstattung des LeFlaSys von modifizierten Waffenträgern Ozelot verbraucht.

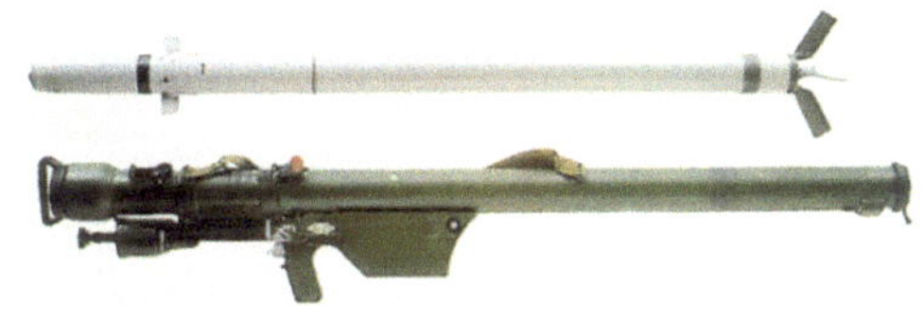

Fliegerfaust 1 Redeye

MANPADS 1. Generation: USA

Zielortung:	passiv, IR
Gefechtskopf:	1,1 kg; Splitter,
Länge:	1,20 m
Durchmesser:	70 mm
Spannweite:	140 mm
Geschw.:	522 m/s (M 1,7)
Gefechtsgew.:	8,2 kg
Kampfentf.:	0,6 – 3,3 km

FIF 1 Ost Strela (SA-7 Grail)

MANPADS 1. Generation: UdSSR

Zielortung:	passiv, IR
Gefechtskopf:	1,17 kg; Splitter,
Länge:	1,443 m
Durchmesser:	72 mm
Spannweite:	300 mm
Geschw.:	430 m/s (M 1,4)
Gefechtsgew.:	9,2 kg
Kampfentf.:	0,6 – 3,4 km

Fliegerfaust 2 Stinger

MANPADS 2. Generation: USA

Zielortung:	passiv, IR-UV
Gefechtskopf:	3 kg; Splitter,
Länge:	1,52 m
Durchmesser:	70 mm
Spannweite:	91 mm
Geschw.:	674 m/s (M 2,2)
Gefechtsgew.:	15,8 kg
Kampfentf.:	0,2-6 km, Höhe 3 km
Zielmanöver:	max. 8 g
Flugdauer:	max. 17 s

FIF 2 Ost Igla (SA-16 Gimlet)

MANPADS 2. Generation: UdSSR

Zielortung:	passiv IR, Bildkontrast
Gefechtskopf:	1,27 kg; Splitter,
Länge:	1,673 m
Durchmesser:	72,2 mm
Spannweite:	160 mm
Geschw.:	570 m/s (M 1,9)
Gefechtsgew.:	16,6 kg
Kampfentf.:	0,5-6 km, Höhe 3,5 km
Flugdauer:	ca. 18 s

Gefechtsräume und Stellungen der Flugabwehr in der
Bundesrepublik Deutschland, Stand 25.3.1965

französische Einheiten
niederländische Einheiten
belgische Einheiten
US-Einheiten
deutsche Einheiten
Bataillonsgefechtsstand mit BOC (Batallion Operation Center)

FlaRgt 3: FlaRakBtl 39 = 66
FlaRakBtl 38 = 65
FlaRgt 4: FlaRakBtl 37 = 64
FlaRakBtl 36 = 63
FlaRakBtl 31 = 62
FlaRakBtl 35 = 61
FlaRgt 1: FlaRakBtl 34 = 44
FlaRakBtl 32 = 43
FlaRgt 2: FlaRakBtl 33 = 55
FlaRgt 14: FlaRakBtl 24 = 12
FlaRakBtl 25 = 10
FlaRakBtl 26 = 13
FlaRgt 2: FlaRakBtl 23 = 3
FlaRgt 13: FlaRakBtl 22 = 5
FlaRakBtl 21 = 6

DÄNE-MARK
Waabs
66
65
Kiel
Dellstedt
Belum
64
BUNDES-
Hohen-kirchen
13
Hamburg
Schwerin
Stettin
Groningen
NIEDER-
63
Deinstedt
Bremen
Delmenhorst
12
62
LANDE
10
61
Barnstorf
Wachdorf
60
POLEN
Oder
59
Hannover
BERLIN
7
9
Weser
58
Potsdam
Magdeburg
57
DDR
Soest-Buecke
6
XXXX
ATAF-Grenze
Leipzig
56
Elbe
4
REPUBLIK
Kassel
Dresden
Köln
5
55
Fürstenberg
Erfurt
Lipperhöhe
BONN
54
2
53
BEL-
3
52
GIEN
Kilianstädten
Frankfurt
51
PRAG
16
Rhein
ČSSR
Mosel
50
LUXEM-
Mainz
Main
BURG
20
49
Pilsen
17
48
Nürnberg
18
Saarbrücken
47
19
46
21
45
Stuttgart
Donau
Rohr
Strasbourg
44
FRANK-
1
DEUTSCHLAND
43
Erding
Linz
11
42
München
REICH
Freiburg
43
Salzburg
Belfort
Basel
Zürich
SCHWEIZ
ÖSTERREICH
Innsbruck
0   50   100 km
Quelle: BA-MA, BL 1, 1821b.
© MGFA
04931-12

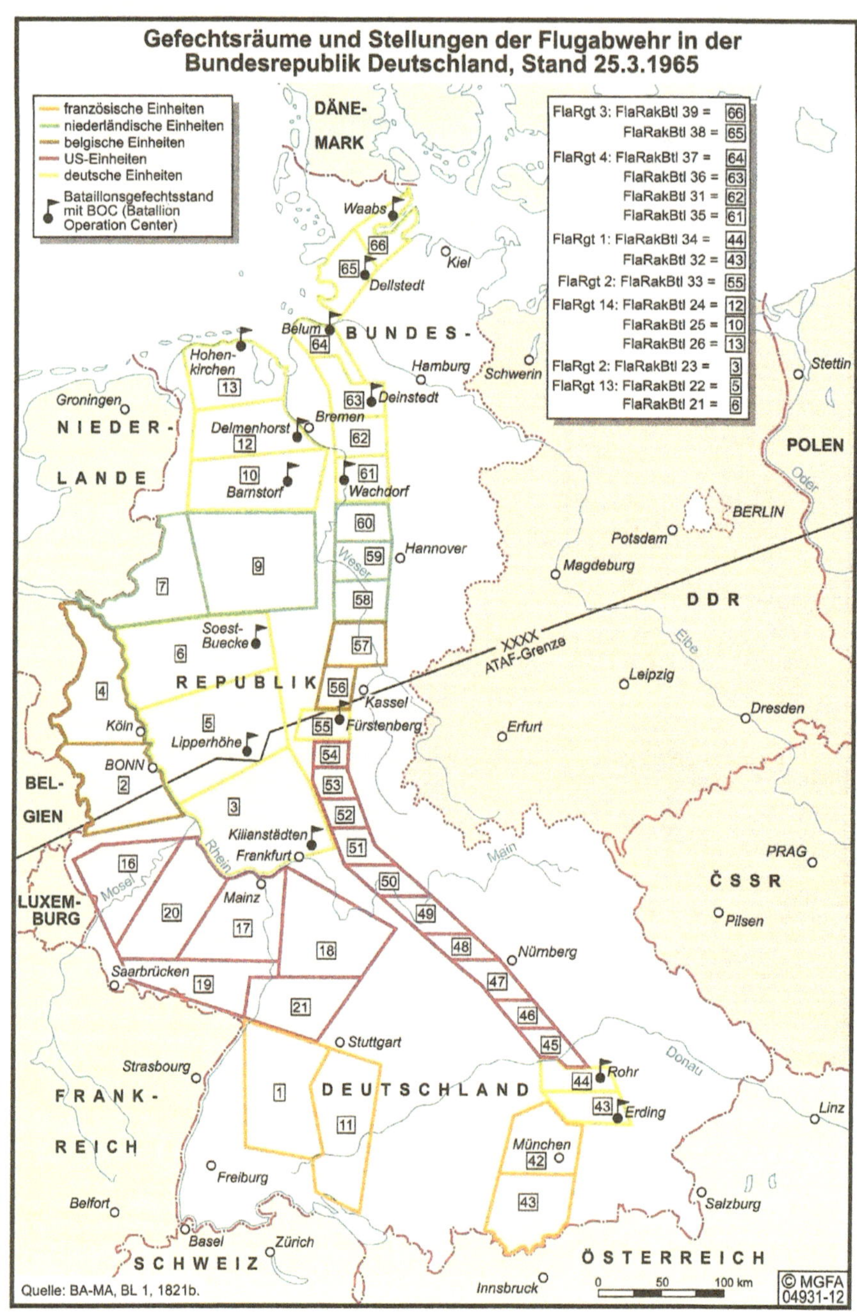

38

Die Luftverteidigung im Kalten Krieg ab 1960

Am Vorabend der deutschen Einheit, im Herbst 1990, war die Bundeswehr auf ihren größten Umfang bei der bodengebundenen Luftverteidigung in allen drei Teilstreitkräften aufgewachsen[7]. Die durch Staatssekretärsweisung vom 26. November 1956 klare, seit Aufstellung der Flugabwehrkräfte geltende, aber lange umstrittene Aufgabenverteilung lautete: Die Luftwaffe erhält die Federführung in allen Fragen der territorialen Luftverteidigung, wofür sie ein Verbundsystem von Führungsgefechtsständen, Flugabwehrraketenkräften sowie Jagdflugzeugen aufzubauen hat. Dem Heer obliegt die Führung und Verantwortung für die Kräfte der beweglichen Feldflugabwehr, während die Marine für den Schutz ihrer in See stehenden Einheiten sowie der Marineflugplätze und -stützpunkte verantwortlich ist. Somit gab diese Weisung die grundsätzliche Richtung des weiteren Aufbaus und der späteren Organisation aller Kräfte der Bundeswehr zur Abwehr der Bedrohung aus der Luft vor. Für die Luftwaffe bedeutete dies weiterhin die Integration aller Kräfte bereits in Friedenszeiten als „Command Forces" in die NATO Integrated Air Defence (NATINAD), während die Flugabwehrkräfte von Heer und der Marine unter nationalem Kommando bis zu einem bündnisgemeinsamen Einsatz verblieben.

Der ursprüngliche Ansatz der NATO-Planung war der Aufbau eines geschlossenen Luftverteidigungssystems in Europa entlang des Eisernen Vorhangs. Dies wurde jedoch nur in Mitteleuropa zwischen Kattegat und Alpen realisiert. In Norwegen, Italien, Griechenland und der Türkei entstanden Zonen, in denen die Luftverteidigungskräfte um Ballungs- und Industriezonen sowie in strategisch wichtigen Geländeabschnitten (z.B. Bosporus) aufgestellt wurden. Im NATO-Kommandobereich Europa-Mitte (AFCENT) entstanden – nach einer Anfangsphase mit den Fla-Bataillonen der Luftwaffe für den Objektschutz – zwei Raketengürtel, die aus Einheiten mit den Waffensystemen Nike und HAWK gebildet wurden. Als ortsfeste Verteidigungskräfte befanden sich die deutschen, niederländischen und belgischen Anteile des Nike-Gürtels in der Bundesrepublik Deutschland auf einer Linie von Ostfriesland bis nach Hanau. Amerikanische und kurzzeitig französische Stellungen schlossen sich im Süden an. Davor wurden ostwärts ab 1963 neben den neun deutschen Bataillonen zwei niederländische, zwei belgische sowie sechs US-amerikanische Verbände in einem HAWK-Gürtel eingebunden. Der Nike-Gürtel war so angelegt, dass die maximale Reichweite des Waffensystems über dem Gebiet der Bundesrepublik zum Tragen kam. Hervorzuheben ist dabei, dass Nike-Hercules als Waffensystem gegen Flugziele in mittleren und großen Höhen auch nuklear genutzt werden konnte. Ausgehend von der Annahme, dass Bomberverbände in mittleren und großen Höhen einfliegen, glaubte man, mit nuklearen Wirkmitteln in diesen Höhen mehr als ein Flugzeug sicher bekämpfen zu können. Zudem konnte das System in akuten Krisenlagen der militärischen Landesverteidigung auch als nuklearer Boden-Boden-Flugkörper eingesetzt werden – mit möglicherweise fatalen Folgen für die Bundesrepublik.

Der ab 1963 im Aufbau befindliche HAWK-Gürtel verlief ostwärts der Nike-Einsatzzonen und somit deutlich näher an der innerdeutschen und deutsch-tschechoslowakischen Grenze. Alle Friedenseinsatzstellungen befanden sich aber außerhalb der entlang des Eisernen Vorhangs verlaufenden, viele Kilometer breiten Air Defence Identification Zone (ADIZ). Sie war von den zwei alliierten Mächten USA und Großbritannien, die maßgebliche Zuständigkeiten für die Luftraumsicherheit in der Bundesrepublik Deutschland bis zum Zwei-plus-Vier-Vertrag von 1990 hatten, eingerichtet worden. Jedoch war in Spannungs- und Kriegszeiten der Bezug vorerkundeter Einsatzstellungen geplant, die sich sowohl westlich als auch ostwärts der Friedensdislozierung befanden. Die sich überlappenden Einsatzräume der Bataillone (Battalion Attack Area, BAA) waren so angelegt, dass vier Batterien in zwei Riegeln hintereinander aufgestellt waren. Aneinandergereiht ergaben diese BAA einen fast lückenlosen HAWK-Gürtel von Flensburg bis in den Großraum München[8]. Mit einer Reichweite von über 30 Kilometern war das voll verlegefähige HAWK-System auf die Bekämpfung von Flugzielen in mittleren und niedrigen Höhen systemtechnisch optimiert.

Für Nike und HAWK, wie auch die Jagdflugzeuge und dazu gehörenden Luftverteidigungsgefechtsstände, galt, dass sie als Bestandteil der NATINAD bereits im Frieden Teil der NATO Command Forces waren, die von Anfang an unter dem Operational Command des SACEUR standen. Er trug die Gesamtverantwortung für die Verteidigung Europas mit der Luftverteidigung als elementaren Bestandteil einer reaktionsschnellen und abschreckungsstarken Vorneverteidigung.

In Wahrnehmung dieser Verantwortung hat SACEUR durch multi-nationale Teams die Einsatzbereitschaft dieser Kräfte jährlich in Taktischen Überprüfungen, Joint Security Inspections der nuklearfähigen Einheiten und Jahresschießen auf dem Schießplatz NAMFI auf Kreta überprüfen lassen. Alle

Kräfte waren zudem im Dauereinsatzbetrieb 24/7, was ebenfalls kontinuierlich überprüft wurde. Der damit verbundene Schichtbetrieb mit Bereitschaftsstufen zwischen 5 Minuten und 12 Stunden in allen Einheiten der NATINAD stellte über mehr als drei Jahrzehnte eine erhebliche Belastung für Mensch und Material dar, die bei durchschnittlich 70stündiger wöchentlicher Arbeitsbelastung des Personals, das in einem Drei-Schicht-Rhythmus eingesetzt war, so inzwischen heute kaum mehr zu realisieren wäre. Außerdem muss angemerkt werden, dass beide Gürtelsysteme stets auf Rand genäht waren und Lücken, wie beispielsweise am bekannten Fulda-Gap, nur mit weiteren amerikanischen Verstärkungskräften oder erhöhtem Einsatz von Jagdflugzeugen zu schließen gewesen wären. Am Beispiel der Luftverteidigungsplanung für Schleswig-Holstein würde ein vertiefender Blick in die Dislozierung der beiden verfügbaren HAWK-Bataillone diesen latenten Kräftemangel ebenfalls besonders nachdrücklich verdeutlichen.

Die Aufbauphase der Flugabwehrraketentruppe der Luftwaffe war dabei von den in der Bundeswehrfrühgeschichte typischen häufigen Verlegungen und Umgliederungen, vor allem in Folge der Einführung neuer Waffensysteme, und wiederholtem Wechsel der Teilstreitkraft geprägt. Nicht wenige Rohrwaffenbataillone des Heeres wechselten zur Luftwaffe und wieder zurück. Dahinter stand der Gedanke, ausgebildete Kader eines nicht mehr benötigten Waffensystems auf ein neues Waffensystem umzuschulen. So wurden die HAWK-Verbände aus dem Personalstamm der anfänglich mit der Flak 40 mm L70 ausgestatteten Luftwaffenflugabwehrbataillone gebildet. Als typisches Beispiel aus der Luftwaffengeschichte kann das Flugabwehrraketenbataillon 31 gelten. Es wurde 1961 mit einem Kader aus dem Flugabwehrbataillon 180 des Heeres in Rheine gebildet, das zuvor als FlaBataillon 484, ausgestattet mit dem System Flak 90 mm Skysweeper, aufgestellt worden war. Es folgte 1963 die Verlegung nach Westertimke im nördlichen Niedersachsen und die Ausrüstung mit dem Waffensystem HAWK, 1968/69 die NATO-Unterstellung als NATO Command Forces und 1977 die Umrüstung auf das leistungsgesteigerte System Improved HAWK[9].

Das Prinzip der Dislozierung in zwei einander gegenseitig ergänzenden Waffensystem-Gürteln ist bei den bodengebundenen Flugabwehrraketensystemen nach der seit 1968 gültigen NATO-Doktrin MC 14/3 bis zur Auflösung des Warschauer Paktes beibehalten worden. Dabei galt es

- einen Angriff auch ohne nutzbare Vorwarnzeiten abwehren zu können,

- durch die Kriegsdislozierung der Kräfte die Vorneverteidigung auch in der Luftverteidigung sichtbar zu machen und

- den Aufmarsch der Landstreitkräfte in die Verteidigungsräume zu schützen sowie die Durchhaltfähigkeit aller Kräfte sicherzustellen.

Die Friedensdislozierung der Kräfte im Gürtel war jedoch aus geografischen und strukturellen, sowie politischen Gründen oftmals ein Kompromiss, der aber das dahinterstehende operative Konzept im Kern in keinem Fall in Frage gestellt hat. Den diensttuenden Soldaten war bewusst, dass besonders die verlegefähigen Einheiten sehr schnell und für längere Zeit in damals geheime vorerkundete Einsatzräume zu verlegen hatten. Diese Fähigkeit wurde intensiv geübt und in den großen Korpsübungen der Landstreitkräfte regelmäßig mit Erfolg unter Beweis gestellt.

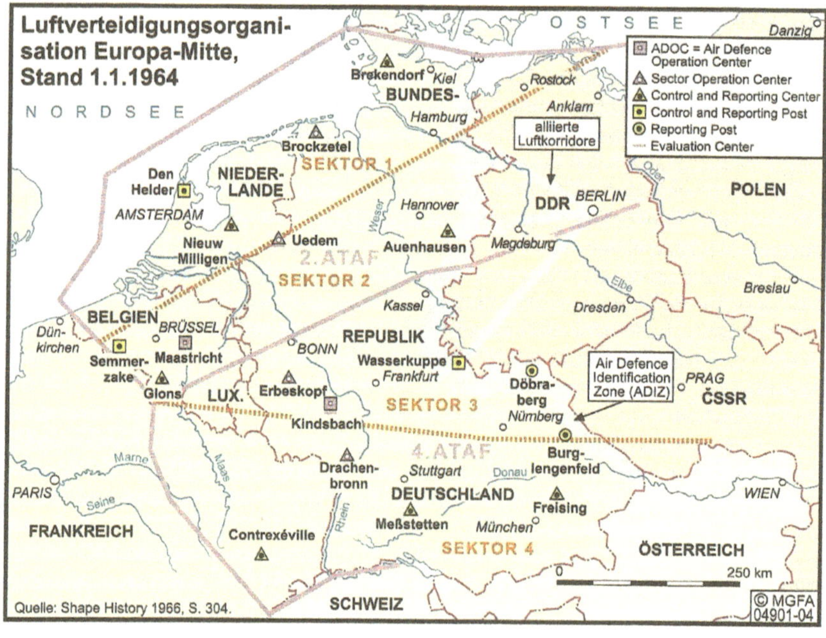

Stationierung der deutschen FlaRak-Systeme Nike

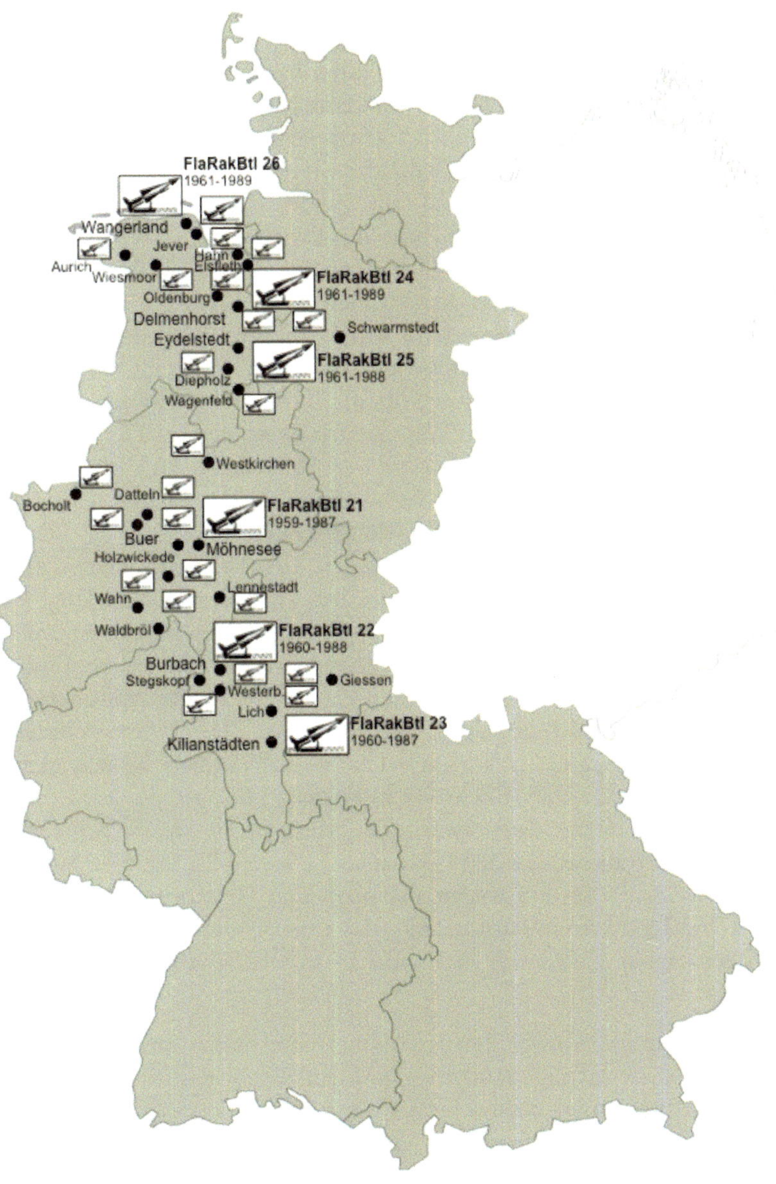

Anmerkung: Die kleinen Symbole markieren Stationierungsräume zugeordneter Batterien.

Flugabwehrraketensystem Nike-Ajax und Flugabwehrraketensystem Nike-Hercules

Die Leistungssteigerung der Luftkriegsmittel nach dem Zweiten Weltkrieg führte zu einer deutlichen Unterlegenheit der bis dahin eingesetzten Flugabwehrkanonen und zur Entwicklung von Flugabwehrraketensystemen. In den USA war seit Mitte der 1940er Jahre im Auftrag der US-Army das System SAM-N-25 (MIM-3) Nike-Ajax als zweistufiges Lenkflugkörpersystem mit großer Reichweite für den Einsatz gegen hochfliegende, überschallschnelle Ziele und Bomberpulks entwickelt worden. Das aus ortsfesten Stellungen operierende System wurde ab 1954 in den USA zum Schutz der Metropolen eingesetzt und in den frühen 1960er Jahren auch den europäischen Verbündeten zur Verfügung gestellt. Mit der Einführung der verbesserten Version Nike-Hercules[10] wurde das System ab 1965 zum Rückgrat der bodengebundenen NATO-Luftverteidigung ausgebaut, die in Europa mit Schwerpunkt in Deutschland von Grönland bis in die Türkei mit dem Schwerpunkt in Deutschland reichte. Die Bundeswehr hatte sich bereits während der Aufstellung ihrer Flugabwehrverbände in Übereinstimmung mit den NATO-Verbündeten für das System Nike entschieden und ab 1958 Soldaten zur Ausbildung als Bediener in die USA nach Ft. Bliss, TX, und von Instandsetzungspersonal nach Huntsville, Al, geschickt. Als erste Verbände wurden die FlaRakBtl 21 und 22 am 31. Dezember 1961 dem Operational Command der NATO unterstellt. Insgesamt wurden sechs deutsche Bataillone mit 24 Batterien zusammen mit niederländischen, belgischen und amerikanischen Einheiten Teil des Nike-Gürtels[11] in Deutschland. Jede der Batterien verfügte typischerweise über neun Starter (Launcher) und 30 Lenkflugkörper. Aus etwa einem Viertel der FlaRak-Stellungen konnten nukleare Wirkmittel eingesetzt werden, die sich allerdings zu jeder Zeit unter amerikanischer Kontrolle befanden. Für fast 30 Jahre boten die Nike-Waffensysteme raumdeckend einen ununterbrochenen Schutz gegen die Bedrohung aus der Luft im Rahmen der NATO-weiten Luftverteidigung. Die Außerdienststellung der Nike-Verbände begann wegen der geplanten Umrüstung auf das hochmoderne Flugabwehrraketensystem Patriot 1987; das letzte Waffensystem Nike-Hercules wurde am 29. September 1989 beim FlaRakBtl 24 in Delmenhorst aus dem aktiven Dienst genommen.

Die Nike-Flugkörper verfügten über zwei Triebwerke, eine Startstufe - bei Nike-Hercules vierfach gebündelt - und ein Triebwerk für die Marschphase. Als Gefechtsköpfe konnten wahlweise konventionelle Köpfe mit sehr großer Splitterwirkung oder nukleare Effektoren[12] eingesetzt werden. Der große Wirkungsbereich der Metallsplitterwolke von ca. 1 km sowie weitere Effekte der nuklearen Explosion erforderten keine unmittelbaren Treffer, sondern es konnten auch Ziele in größeren Angriffsverbänden effektiv bekämpft werden.

44

Das Lenkflugkörpersystem verfügte über keine eigene sensorische Ausrüstung. Die Zielsuche und -verfolgung sowie die Flugkörperverfolgung erfolgten durch Pulsradargeräte; nach Berechnung der Zieldaten in den Analogrechnern der Bodengeräte wurde der Flugkörper durch Kommandolenkung und Überwachung des Feuerleitoffiziers ins Ziel gesteuert. Da es dadurch nicht möglich war, gleichzeitig mehrere Ziele zu bekämpfen, bestand stets die Gefahr, dass eine Batterie durch Mehrfachziele gesättigt wurde. Erst zu Beginn der 1980er Jahre wurden die Analogrechner durch Digitalrechner ersetzt; die Lenkkommandos wurden jedoch weiterhin analog übermittelt. Als weitere Schwäche zeigte sich, dass das System Nike nur auf die Bekämpfung von Zielen in mittleren bis großen Höhen ausgelegt war. In Angriffsszenarien mit niedrigen Flughöhen konnte der Wirkungsbereich des Systems jedoch leicht unterflogen werden, sodass der Schutzschirm durch andere, für den Tiefflugbereich optimierte FlaRak-Systeme ergänzt bzw. unterfüttert werden musste. Insgesamt verlangte die technologische Entwicklung zu Beginn der 1990er Jahre bei Sensorik, Datenverarbeitung und Lenkflugkörpern eine Ablösung des langjährig bewährten Nike-Systems durch die Einführung des neu enzwickelten FlaRak-Systems PATRIOT.

<table>
<tr><td colspan="2">Großgeräte des Waffensystems</td></tr>
<tr><td>Feuerleitstand:</td><td>BCT (Battery Control Trailer)</td></tr>
<tr><td>Kampfführungsendstelle:</td><td>CDG (Coder Decoder Group),
BTE (Battery Terminal Equipment)</td></tr>
<tr><td>Rundsuchradargeräte:</td><td>HIPAR (High Power Aquisition Radar), IFF
L-Band; Reichweite 300 / 500 km
LOPAR (Low Power Aquisition Radar), IFF
S-Band; Reichweite 120 / 300 km</td></tr>
<tr><td>Radarmessstand:</td><td>RCT (Radar Control Trailer)</td></tr>
<tr><td>Zielverfolgungsradar:</td><td>TTR (Target Tracking Radar)
X-Band; Reichweite 180 km, Höhe 30 km</td></tr>
<tr><td>Entfernungsmessradar:</td><td>TRR (Target Ranging Radar)
X-Band; Reichweite 180 km, Höhe 30 km</td></tr>
<tr><td>Flugkörperverfolgungsradar:</td><td>MTR (Missile Tracking Radar)
Entfernungsbereich 120 / 300 km</td></tr>
<tr><td>Abschussleitstand:</td><td>LCT (Launching Control Trailer)</td></tr>
<tr><td>Kampfführungsanlage (Bataillon):</td><td>OC (Operations Central)</td></tr>
</table>

MIM-3 Nike-Ajax

Länge / Durchm.:	10,61 m / 0,3 m
Spannweite:	Booster: 1,62 m
	2. Stufe: 1,37 m
Gewicht:	1.100 kg (mit Booster)
Antrieb:	Feststoffbooster ⌀ 0,42 m
	2. Stufe Flüssigkeitstriebwerk
Geschwindig.:	M 2,3
Manövrierbark.:	ca. 5 g
Reichweite:	48 – 55 km
Max. Zielhöhe:	20.000 m
Gefechtskopf:	3, konventionell 136–141,8 kg
	BHE,BLE (12.200 Splitter)

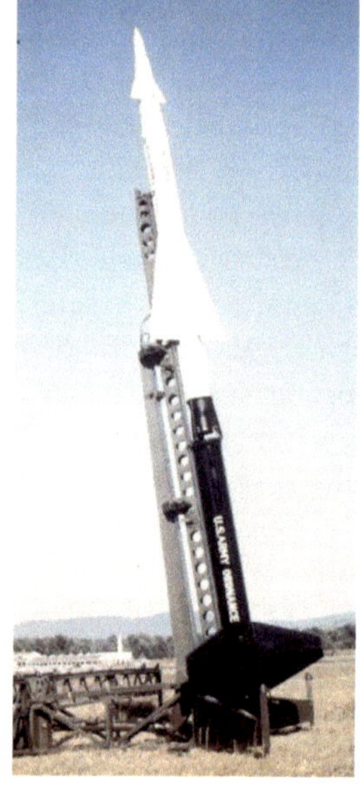

Ausbildung am Lenkflugkörper Nike-Hercules 1958 in den USA
unter der Aufsicht amerikanischer Ausbilder

MIM-14 Nike-Hercules

Länge:	12,65 m
Durchmesser:	0,53 m
Spannweite:	1. St. 4-fach Booster: 3,50 m
	2. Stufe: 1,88 m
Gewicht:	4.850 kg (mit Booster)
Antrieb:	Feststoffbooster $\varnothing$ 0,8 m
	2. Stufe Feststofftriebwerk
Geschwindig.:	M 3,66
Manövrierbark.:	ca. 7-9,5 g
Reichweite:	6-155 km;
	Boden-Boden 183 km
Max. Zielhöhe:	46.000 m
Gefechtskopf:	konventionell 283 kg
	(20.000 Splitter)
	nuklear: W-31
	(2/20/40 KT)

Start einer Nike-Hercules auf dem
Schießplatz NAMFI Kreta, 1970

Schema des Bekämpfungsablaufs

Feuerleitbereich einer Nike Stellung:
im Bild Mitte oben: HIPAR, unten : LOPAR,
unten rechts und links: drei Radar (Tracking und Ranging)

Abschussbereich der Nike-Hercules Stellung der 1. /FlaRakBtl 22 in Oedingen, 1980

Stationierung der FlaRak-Systeme HAWK / IHAWK

Anmerkung: Die Verbände sind mit ihrer jeweils letzten Bezeichnung angegeben. Die kleinen Symbole markieren Einsatzräume zugeordneter Staffeln.
FlaRakG: Flugabwehr-Raketengeschwader FlaRakGrp: Flugabwehr-Raketengruppe

Flugabwehrraketensystem HAWK / IHAWK

Die Beschlüsse des Militärischen Führungsrates vom 9. März 1959 stehen am Anfang der Einführung des Flugabwehrraketensystems HAWK in die Luftwaffe. Mit diesen Beschlüssen wurde festgelegt, in Abstimmung mit anderen europäischen Partnern das amerikanische Flugabwehrraketensystem MIM-23 HAWK einzuführen und den personellen Bedarf für die aufzustellenden Verbände aus Flak-Bataillonen der Luftwaffe und des Heeres zu gewinnen. Zugleich wurde mit Belgien, Frankreich, Italien und den Niederlanden eine gemeinsame Lizenzfertigung vereinbart und dazu eine spezielle Management- und Industrieorganisation gegründet[13]. Bereits 1961 konnte die Produktion aufgenommen und die ersten Soldaten im November in die USA nach Fort Bliss und Huntsville zur Ausbildung von Führungs-, Bedienungs- und Wartungspersonals kommandiert werden. Der Zulauf der Waffensysteme für insgesamt 36 Batterien erfolgte ab 1963, zugleich mit dem Ausbau vorbereiteter Friedenseinsatzstellungen, sodass die Batterien ab April 1969 der NATO unterstellt werden konnten. In ihren ostwärts des Nike-Gürtels gelegenen Friedens-einsatzstellungen bildeten sie einen zweiten Gürtel, der für die Abwehr von Flugzielen in niedrigen und mittleren Höhen optimiert war. Durch die Verlastung aller seiner Komponenten auf Einachsanhängern und Lkw ist das System HAWK zwar voll verlegefähig und kann innerhalb weniger Stunden die Feuerbereitschaft herstellen, der Regeleinsatz erfolgte allerdings aus festen Friedenseinsatzstellungen im ganzjährigen Schichtbetrieb ohne jegliche Unterbrechung. Im Rahmen von Übungen und Über-prüfungen gab es regelmäßig auch Verlegeübungen in unbefestigte Stellungsräume, von wo dann der Einsatzauftrag fortgesetzt werden konnte.

Das Raketensystem HAWK nutzt miteinander synchronisierte, in verschiedenen Frequenzbändern arbeitende Radargeräte zur Zielsuche und Zielerfassung, Freund-Feind-Kenngerätesätze zur Identifizierung, ein Dauerstrichradar zur Zielbeleuchtung und ein zusätzliches Impulsradar zur redundanten Zielentfernungsmessung. Das Startgerät trägt drei Lenkflugkörper; jeweils drei Startgeräte bilden eine Abschuss-gruppe. Der Lenkflugkörper wird auf einen vorausberechneten Treffpunkt ausge-richtet und halbaktiv in das Ziel gelenkt. In dieser Konfiguration ist die gleichzeitige Bekämpfung von zwei Zielen möglich. Bei einer Aufteilung des Vollsystems in zwei eigenständige Feuereinheiten kann jeweils ein Ziel bekämpft werden. Der Lenkflug-körper wird durch ein Einkammer-Zweistufen-Feststofftriebwerk angetrieben, mit einem halbaktiven Zielsuchlenkverfahren proportional auf den Treffpunkt gesteuert und nutzt die von einer beweglichen Antenne empfangenen Referenzsignale des Zielbeleuchtungsradars HIPAR. Der Gefechtskopf ist ein hochexplosiver Splitter-gefechtskopf, der durch Auswertung der von den seitlichen und hinteren

Flugkörperantennen empfangenen Radarreflexionen auf Höhe des Ziels ausgelöst wird.

Die zu Beginn der 1970er Jahre von der US-Armee initiierte Kampfwertsteigerung HIP wurde bei den meisten europäischen HAWK-Nutzern als limitiertes europäisches Programm (HELIP) ab 1975 eingeführt, insbesondere um den Konfigurationsstand innerhalb des LV-Gürtels gleich zu halten. Es entstand das System Improved-HAWK, das durch Ablösung der Röhrentechnik und Einführung einer Halbleiter- und Modulbauweise nicht nur wesentliche Leistungssteigerungen der Radargeräte und des Flugkörpers, sondern auch Optimierungen der Bedienung und Wartung, Verkürzungen der Reaktionszeiten, Verbesserung der Zielgenauigkeit und höhere Resistenz gegen elektronische Störmaßnahmen mit sich brachte.

In dieser Konfiguration war das Flugabwehrraketensystem HAWK auch nach Auflösung des Luftverteidigungsgürtels im Zuge der Herstellung der deutschen Einheit bis 2005 im Einsatz. Dann wurde es ersatzlos außer Dienst gestellt, weil die verbleibenden PATRIOT-Verbände in ihrem Wirkungsspektrum sowohl die großen als auch die niedrigen Flughöhen abdecken konnten und weil ein vollständiger Raumschutz operativ als verzichtbar galt.

Start eines Flugkörpers HAWK auf dem Schießplatz NAMFI auf Kreta

Beladen des Startgeräts LCHR Launcher mit dem Ladefahrzeug LDR Loader

	Basic HAWK **MIM-23A**	**Improved HAWK** **MIM-23B**
Länge:	5,08 m	5,03 m
Durchmesser:	0,37 m	
Spannweite:	1,19 m	
Gewicht:	584 kg	635 kg
Geschwindigkeit:	650 m/s	900 m/s
Reichweite:	25 km	40 km
Höhe:	13.700 m	17.700 m
Manövrierfähigkeit:	11 g	25 g
Gefechtskopf:	hochexplosiver Splittergefechtskopf	
	54 kg	74 kg
	1.700 Splitter	16.000 Splitter
Personal:	2 Offiziere und 49 U/M je Schicht	

Beziehen einer HAWK-Stellung, im Vordergrund das Einrichten des Beleuchtungsradars HPIR

Anlagen und Großgeräte des Waffensystems

Feuerleitanlage:	BCC (Battery Control Central)
Lage- u. Auswertezentrale:	ICC (Information Coordination Central)
Feuerleitstand:	PCP (Platoon Command Post)
Kampfführungsanlage:	OC (Operations Central) AN/MSQ-18; ab 1994: GEHOC (German HAWK Operations Center)
Dauerstrich-Erfassungsradar:	CWAR (Continuous Wave Aquisition Radar) J-Band; Reichweite 65 km; 20 U/min
Impuls-Erfassungsradar:	PAR (Pulse Aquisition Radar) D-Band; Reichweite 110 km; 20 U/min
Freund/Feind-Kenngerät	IFF (Identification Friend/Foe) J-Band; 20 U/min
Dauerstrich-Beleuchtungsradar:	HPIR (High Powered Illumination Radar) J-Band
Entfernungsmessradar:	ROR (Range Only Radar) J-Band

Beziehen einer HAWK-Stellung, oben Aufbau des Erfassungsradars PAR,
unten Transport der Lenkflugkörper mit dem Ladefahrzeug LDR Loader

Die bodengebundene Luftverteidigung der Luftstreitkräfte der NVA 1956 – 1990

Erste Überlegungen und Planungen zur Aufstellung von Kräften zum Schutz gegen Angriffe aus der Luft gab es in der DDR in den frühen 1950er Jahren; sie führten nach der Gründung der Nationalen Volksarmee am 01. März 1956 zur Bildung der zentralen Verwaltung LV in Eggersdorf und zur Planung der Aufstellung einer Flak-Division mit sowjetischen Flak 37 mm M1939 und Flak 85 mm M1939 (52-K). Die Ausstattung der Verbände erfolgte dann auch in den folgenden Jahrzehnten ausschließlich mit sowjetischen Waffen und Material, zumal die Rüstungsindustrie in der DDR nur einen eingeschränkten Entwicklungs- und Produktionsumfang bearbeitete. Nach der 1957 erfolgten Zusammenlegung der Kommandos der Luftstreitkräfte und der Luftverteidigung wurden mit Befehl 3/61 des Ministers für Nationale Verteidigung der DDR alle Kräfte und Mittel der Luftverteidigung mit ersten Teilen ab 01.05.1961 dem Diensthabenden System (DHS) der Streitkräfte des Warschauer Paktes zugeordnet. Mit einer weiteren Anordnung 1962 wurde durch den Minister für Nationale Verteidigung die Einführung einer einheitlichen Flugmeldekarte befohlen. Diese bildete die Grundlage der einheitlichen Darstellung der Luftlage in allen Führungsstellen der Truppenluftabwehr der Landstreitkräfte und der Luftverteidigung im Bereich des Warschauer Paktes und diente der Sicherstellung eines koordinierten Zusammenwirkens zwischen den Jagdfliegerkräften, den Kräften der bodengebundenen Luftverteidigung und den Kräften der Truppenluftabwehr.

Durch die Zusammenführung der bis dahin aufgestellten fliegenden Verbände, der Flak- und Flaraketen-Verbände sowie der Funktechnischen Truppen (FuTT) wurden ab Dezember 1961 zwei Luftverteidigungsdivisionen (LVD) gebildet und die Aufstellung der Gefechtsstände der Kräfte im DHS und der einheitlichen Darstellung der Luftlage vorangetrieben. Ab 1963 waren alle fliegenden und bodengebundenen Kräfte der Luftverteidigung vollständig in das DHS integriert.

Das Diensthabende System (DHS)

Das Diensthabende System DHS war ein nahezu lückenloses System zur Sicherung des Luftraums über dem Gebiet aller Vertragsstaaten des Warschauer Paktes, in dem die zugeordneten Kräfte und Mittel an allen Tagen ununterbrochen in erhöhter Alarm- und Einsatzbereitschaft standen. Die Kräfte wurden durch die gestaffelten Gefechtsstände auf den verschiedenen Führungsebenen geführt, deren Meldungen und Verbindungen im Hauptgefechtsstand West bei Minsk zusammengefasst wurden.

Auf dem Gebiet der DDR arbeitete der Zentrale Gefechtsstand der LV/LSK mit dem Hauptgefechtsstand der Gruppe der sowjetischen Streitkräfte in Deutschland (GSSD) bei Wünsdorf zusammen, wo alle Entscheidungen über mögliche Bekämpfungen getroffen und Weisungen erteilt wurden[14].

Ab 1958 waren auch Flak-Verbände im DHS eingebunden. Bei ihrer Auflösung wurde die in der Luftverteidigung entstandene Lücke durch die Einführung des DHS mit Einheiten der Truppenluftabwehr kompensiert, aber mit dem vollständigen Ausbau des DHS der Luftverteidigung im Jahr 1964 das DHS der Truppenluftabwehr wieder ausgesetzt. 1979/1980 erfolgte erneut ein probeweiser Einsatz zweier Fla-Raketenregimenter der Truppenluftabwehr und eines Funktechnischen-Bataillons in das DHS der LSK/LV.

In das DHS waren die Führungsstellen der Truppenluftabwehr in den Militärbezirken sowie in den MotSchützen-/Panzer-Divisionen sowie die Gefechts-stände der Flakregimenter, die Funktechnischen-Truppen sowie Flak- und Fla-SFL-Batterien einbezogen. Während die diensthabenden Besatzungen der Führungsstellen 24h-Dienst verrichteten und täglich abends wechselten, verblieben die Flak- und Fla-SFL-Batterien drei Wochen im DHS. Der Dienst im DHS wurde insbesondere wegen der Bereitschaftsvorgaben und der strikten Alarmierungszeiten[15] als extrem belastend empfunden.

Die 85 mm Flak M 1939 (52-K) gehörte zur Erstbewaffnung der Flak-Division der Luftverteidigung

Stationierung der FlaRak-Systeme S 75 der NVA-LSK/LV

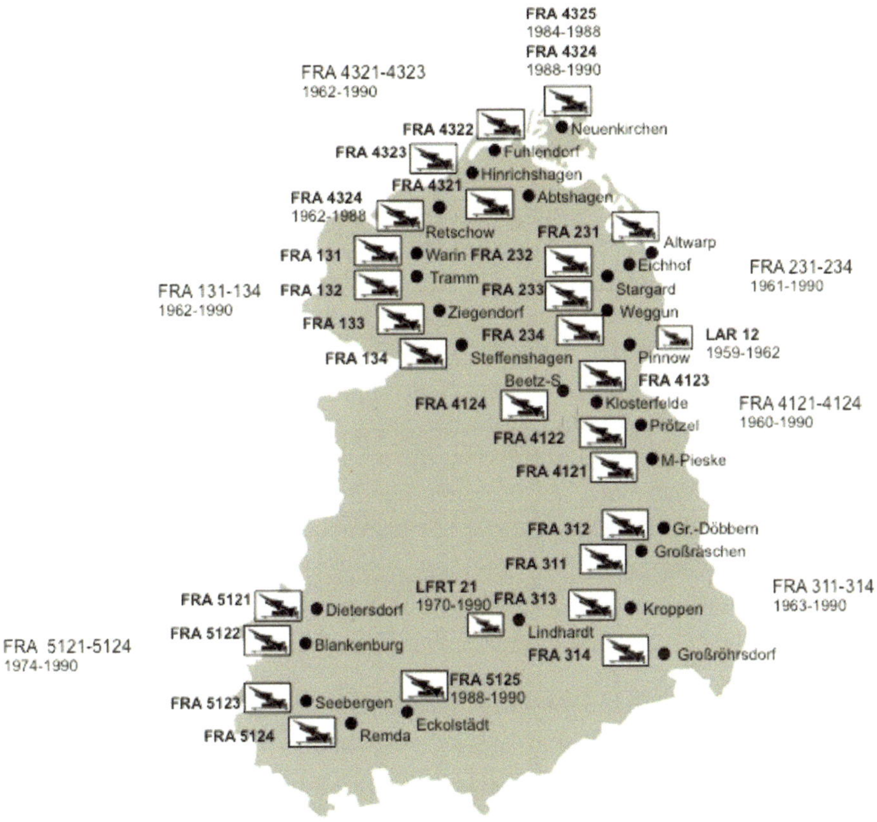

Legende:

S 75 DWINA / WOLCHOW   NATO-Bezeichnung: SA-2 GUIDELINE

Anmerkungen:
FRA: Fla-Raketen Abteilung; LAR: Lehr- und Ausbildungsregiment; LFRT: Lager für Fla-Raketentechnik
Bis Ende 1991 wurden alle Feuereinheiten außer Dienst gestellt und die Waffensysteme demilitarisiert.

Flugabwehrraketensystem Dwina/Wolchow

Der Flugabwehrraketenkomplex S75 Dwina / S75M Wolchow (NATO-Code: SA-2 Guideline) war das am meisten eingesetzte System der Flugabwehrraketentruppen der Luftstreitkräfte/Luftverteidigung der NVA, das seit seiner Einführung in die NVA in den 1960er Jahren bis zu ihrer Auflösung ununterbrochen im Einsatz war. Dwina und Wolchow haben wie kein anderes System das Bild der LSK/LV geprägt.

Die Struktur und Technik des Systems gehen auf sowjetische Entwicklungen Mitte der 1950er Jahre zurück; das System wurde während seiner Einsatzzeit kontinuierlich in den Radaranteilen und auch teilweise durch Ergänzung mit opto-elektronischen Visieren verbessert. Alle Systemanteile, Raketen, Radaranlagen, Generatoren etc., können auf Lastkraftwagen und Anhängern transportiert werden. Eine Batterie bestand in der Regel aus sechs Startgeräten, dem Frühwarnradar P-12 (NATO-Code Spoon Rest), dem Feuerleitradar RSNA75 (NATO-Code Fan Song) und mehreren Generatoren. Die Flugkörper W-75 sind zweistufig, bestehend aus einem Feststoffbooster, einem mit Flüssigkeitstreibstoff betankten Antriebsteil und einem Splittergefechtskopf mit Näherungs- und Aufschlagzünder. Die Lenkung erfolgt durch Funkkommandos der Bodenstation. Diese besteht aus der Steuereinheit UW, der Stromversorgung RW, der Antennenanlage PW zur Signalübermittlung an die Flugkörper, der Freund-/Feind-Erkennung ZAF und der Elektronikeinheit AW. In der Steuereinheit UW befinden sich die Arbeitsplätze des schießenden Feuerleitoffiziers als Befehlshaber, von zwei Planzeichnern und drei Funkortern. Das System arbeitet einkanalig, indem bei einem Bekämpfungsvorgang jeweils ein Ziel mit bis zu drei Flugkörpern zeitlich gestaffelt bekämpft werden kann.

In der Mitte der 1970er Jahre wurden die ersten Systeme S75 durch die Einführung neuer Flugabwehrraketensysteme abgelöst. 1988 begannen die Vorbereitungen, das bis dato modernste sowjetische System, **S-300PMU Angara**, in die Verbände der LSK/LV einzuführen und das System S75 endgültig ausser Dienst zu stellen. Bis zur Auflösung der NVA am 03.10.1990 war die unter größter Geheimhaltung betriebene Einführung jedoch nicht abgeschlossen, ebenso die Stationierung und die Integration in den operativen Einsatz[16]. Die S-300-Systeme (12 Startrampen) sind vor einer Übernahme durch die Bundeswehr einvernehmlich in die Sowjetunion zurückgeführt worden.

Präsentation der Raketen S75M Wolchow bei der Parade zum
30. Jahrestag der Staatsgründung der DDR am 07.10.1979

S75 Dwina im MHM Flugplatz Berlin-Gatow

FlaRak-Komplex	S75 Dwina	S75M Wolchow
Einsatzart:	aus halbstationären Stellungen	
Länge:	10,78 m	
Durchmesser:	Booster: 500 mm, Rakete: 456 mm	
Spannweite:	Booster: 2.566 mm, Rakete: 1.691 mm	
Antrieb:	1. Stufe: Feststoffbooster	
	2. Stufe: Flüssigkeitstreibstofftriebwerk	
Gefechtsgewicht:	2.287kg	2.391 kg
Geschwindigkeit:	1.030m/s	885 m/s
Bekämpfungsreichweite:	5 – 35 km	7 – 43 km
Dienstgipfelhöhe:	500 – 27.000 m	1.000 – 30.000 m
Lenkung:	Trägheitsnavigation	
Zielortung:	Radarzielverfolgung,	
	Funkkommandolenkung	
Gefechtskopf:	HTA-Splittergefechtskopf 190 kg mit	
	Annäherungs- und Aufschlagzünder	

Start einer S75 Dwina in Rumänien

Radaranlagen	
Frühwarnradar	P-12 (NATO-Code Spoon Rest)
Zielzuweisungsradar	P-18 (NATO-Code Spoon Rest D)
Feuerleitradar	RSNA-75 (NATO-Code Fan Song)

Stationierung der FlaRak-Systeme S 125 der NVA-LSK/LV

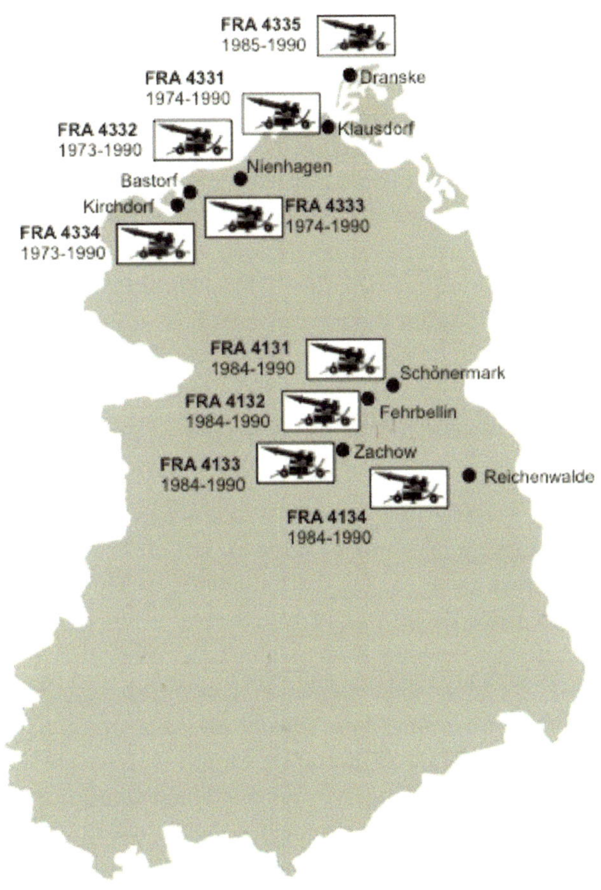

<u>Legende:</u>

<u>Anmerkung:</u> FRA: Fla-Raketen Abteilung
Bis Ende 1991 wurden alle Feuereinheiten außer Dienst gestellt und die Waffensysteme demilitarisiert.

Flugabwehrraketensystem S 125 Newa

Der ab Mitte der 1970er Jahre in die Luftverteidigung der Luftstreitkräfte der NVA eingeführte Flugabwehrraketenkomplex S 125 Newa (NATO-Code SA-3 GOA) ist eine Weiterentwicklung des Systems S 75 Dwina zur Bekämpfung von Flugzielen und Marschflugkörpern in tiefen bis mittleren Höhen auf geringe und mittlere Entfernungen. Eine Feuereinheit des Systems besteht aus einer Raketenleitstation mit Funkmess- und teleoptischem Visier und der Startausrüstung mit Leitsystem und vier Vierlings-Startrampen für den stationären Einsatz oder von Lkw gezogenen mobilen Zwillings-Startrampen, sowie der Stromversorgungseinheit und der Koppel-/Rechnerkabine für das Bedienungspersonal. Als Aufklärungs- und Zielzuweisungsmittel wurden die bereits beim System Dwina eingesetzten Radaranlagen übernommen. Die zweistufigen Feststoffraketen werden durch Funkkommandos der Raketenleitstation nach den Antwort-Signalen der Raketen in das Ziel gelenkt. Üblicherweise wurden Ziele von mehreren Raketen gleichzeitig bekämpft (Salvenschuß), dazu verfügt die Leitstation neben dem Zielkanal über zwei Raketenkanäle. Das gesamte System kann auch auf Lkw und Anhängern verlastet werden, sodass schnelle Stellungswechsel möglich sind.

In der Regel wurden mit einem Radarkomplex mehrere Abschussbereiche geführt. Die Verteidigung besonderer Zonen konnte auch in Kombination mit FlaRak-Systemen Dwina erfolgen. Da die Radaranlagen kaum über adäquate ECCM-Kapazitäten verfügten, wurde im Fall elektronischer Störungen für die Zielerfassung eine auch bei Nacht einsetzbare Videokamera genutzt. In der Nutzungszeit des Systems gab es mehrere Modernisierungen, die vorwiegend die Reichweite der Rakete zur Optimierung der Vernichtungszone sowohl im Nahbereich als auch auf 25 km im Höhenbereich 25 m bis 18.000 m betrafen. Durch Verbesserungen am Sender des Zielkanals konnte die Vorbereitungszeit bei der Herstellung der Bereitschaft auf 30 Sekunden gesenkt werden.

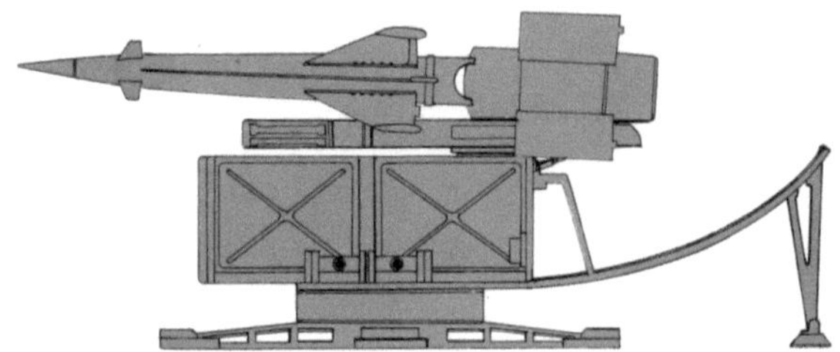

Lenkflugkörper SW27D (W-600P/601P)

Antrieb:	zweistufiger Feststoffmotor, Startbooster
Länge:	6,7 m
Durchmesser:	0,6 m
Spannweite:	Boosterflügel 1,5 m
Startgewicht:	400 kg
Geschwindigkeit:	Mach 3
Reichweite:	min. 3,5 km – max. 25 km
Einsatzhöhe:	min. 25 m; max. 18.000 m
Zielgeschwindigkeit:	max. 560 m/s
Zielerfassung:	< 3 s
Startintervall:	5 s
Lenkung:	Funkkommando
Gefechtskopf:	60 kg, hochexplosiver Splittersprengkopf
Wirkradius:	12,5 m
Zündung:	Radar-Näherungs- und Aufschlagzünder
Radarquerschnitt:	min. 0,5 m²
Kampfsatz:	48 Raketen

Zwei Lenkflugkörper auf einer mobilen Zwillings-Startrampe

Vierlings Startrampe
im stationären Einsatz

Beladen einer Startrampe 5P73
mit Lkw Ural 14AM (SRB)

Radaranlagen	
Frühwarnradar	P-12 (NATO-Code Spoon Rest)
	P-15 (NATO-Code Flat Face)
Höhenfinder	PRW-11 (NATO-Code Side Net)
Feuerleitradar	RSNA-75 (NATO-Code Fan Song)
Raketenleitradar	SNR 125 (NATO-Code Low Blow)

Stationierung der FlaRak-Systeme S 200 der NVA-LSK/LV
bis zur Integration in die Bw-Luftwaffe

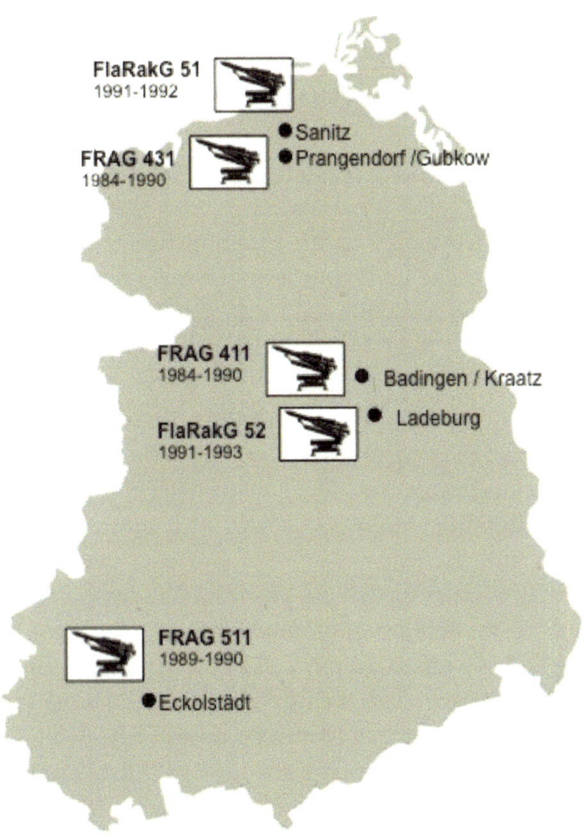

Legende:

Bezeichnungen:
NVA: FRAG: Fla-Raketen Abteilungsgruppe; Bundeswehr: FlaRakG: Flugabwehrraketengeschwader

Flugabwehrraketensystem S-200 Wega

Das Flugabwehrraketensystem S-200 Wega (NATO-Code SA-5 Gammon) wurde zu Beginn der 1980er Jahre in die Luftverteidigung der NVA als weitreichendes Waffensystem zur Bekämpfung von Zielen in mittleren und großen Höhen eingeführt. Es war besonders ausgerichtet auf Szenarien unter aktiven und passiven Störbedingungen, auf Ziele mit reduzierter Radarrückstrahlfläche, auf fliegende Gefechtsstände (AWACS) und Träger von Abstandswaffen. Die Grenze der Vernichtungszone reichte in Richtung Westen bis in den Bereich der Elbemündung und nach Flensburg.

Das System setzt sich aus Kabinen und Großgeräten zusammen, die jeweils den FlaRak-Abteilungsgruppen (FRAG) und FlaRak-Abteilungen (FRA) zugewiesen waren. So verfügte der Gefechtsstand der Gruppe über eine Führungs- und Zielverteilungskabine K-9M zur Führung zweier Abteilungen, Verbindungskabinen zum übergeordneten Automatisierten Führungssystem, eine Radar-Rundblickstation Oborona zur Zielerfassung und –zuweisung sowie einen Höhenmesser PRW-17. Jede Abteilung bildete einen „Schießkanal" mit jeweils einer Beleuchtungsradar-Kabine (Funkmessaufhellstation) und einem Kenngerät, einer Gefechtsstand-Kabine und einer Startleitsystem-Kabine mit Sichtgeräten zur Überwachung der Lenkflugkörper. Zur Startausrüstung gehören sechs Startrampen, zwölf Lademaschinen und Transportladefahrzeuge. In dieser Konfiguration erfolgt die Zielsuche und Zielbeleuchtung durch Dauerstrichradaranlagen. Die halbaktive Zielsuchlenkung ermöglicht die gleichzeitige Bekämpfung mehrerer Ziele in einem Gruppenziel. Eine Zielbekämpfung wird auf Befehl des FRAG-Gefechtsstandes eingeleitet, indem das Beleuchtungsradar eines Schießkanals das Ziel bei entsprechender Höhe und Rückstrahlfläche auf bis zu 400 km Entfernung erfasst. Das Dauerstrichradar übermittelt die Seiten- und Höhenwinkel und die Radialgeschwindigkeit an den Rechner, während die Entfernung durch eine zusätzliche Phasen-Code-Modulation bestimmt wird. Alle Daten werden vom Rechner zur Kontrolle an die FRAG und an die Startleitkabine übertragen, von wo aus die Startrampen zur Ausrichtung der Flugkörperlenkeinrichtungen angesteuert werden. Nach Auswertung des Signal-Rauschverhältnisses der Lenkeinheiten der Flugkörper und der Zielentfernung erfolgt der Start im Gefechtsstand des Schießkanals. Der Flugkörper empfängt die Ziel-Reflexion des Signals des Beleuchtungsradars, wertet sie in der Lenkeinheit aus und überträgt vom Bordrechner ermittelte Lenkkommandos an den Autopiloten und die Rudermaschinen.

Das Flugabwehrraketensystem S-200 Wega war das jüngste Raketensystem im Bestand der NVA und erhielt für die Bundeswehr eine hohe operationelle Bedeutung, da es wegen seiner großen Reichweite geeignet war, kurzfristig den Raum der fünf neuen Bundesländer abzudecken. Dies führte in der Phase der grundlegenden Strukturanpassungen der Luftverteidigung zu Beginn der 1990er Jahre zu der Entscheidung, das System entsprechend des Konzepts „Armee der Einheit" bis zur Verlegung von FlaRak-Verbänden HAWK und PATRIOT aus dem Westen Deutschlands weiter zu betreiben. Die FRAG in Badingen und Prangendorf wurden 1991 in FlaRak-Geschwader umbenannt, umgegliedert und ohne NATO-Assignierung der 5. Luftwaffendivision unterstellt.

Zum Jahresende 1992 bzw. 1993 wurden die beiden Fla-Raketengeschwader aufgelöst und das System außer Dienst gestellt.

Flugabwehrraketensystem S 200 Wega im MHM Flugplatz Berlin-Gatow;
links ein Transport-und Lagerbehälter.

```
Lenkflugkörper 5W28

LFK Antrieb:            4 abwerfbare Feststoff-Startbooster und
                       Flüssigkeitsmarschtriebwerk
Gesamtlänge:           10,80 m
Durchmesser:           750 mm
Flügelspannweite:      2.520 mm
Startgewicht:          7.068 kg
Fluggeschwindigkeit:   1.400-1.600 m/s
Reichweite:            17-240 km
Einsatzhöhe:           300-40.000 m
Lenkung:               halbaktive und passive Selbstlenkung,
                       Störeraufschaltung
Gefechtskopf:          217 kg Splitterspreng
Zünder:                Radarannäherungs- / Aufschlagzünder
Kampfsatz:             18 Raketen je Schießkanal
```

Die Austrittsdüsen der
Triebwerke des Flugkörpers

```
Radaranlagen
Frühwarnradar      P-14 Oborona (NATO-Code Tall King C)
Rundsuchradar:     P-35/-37 (NATO-Code Bar Lock)
Höhenfinder        PRW-17 (NATO-Code Side Net)
Feuerleitradar     5N62/K1 (NATO-Code Square Pair)
IFF-System:        1L22-Parol
```

Die Truppenluftabwehr der Landstreitkräfte der NVA 1956 – 1990

In den gemischten Bereitschaften der Kasernierten Volkspolizei waren im Herbst 1950 Flak-Einheiten mit der Tarnbezeichnung „Sonderabteilung V" aufgestellt worden und in den Jahren 1950 bis 1955 teilweise mit Flugabwehrkanonen 37 mm M39 aus sowjetischer Produktion ausgerüstet. Bei der Aufstellung der Nationalen Volksarmee zum 01. März 1956 wurden die Sonderabteilungen V als Flak-Regimenter organischer Bestandteil in die Mechanisierten- und Infanteriedivisionen (MD/ID) der Landstreitkräfte eingegliedert.

Die Flak-Einheiten der Kasernierten Volkspolizei wurden 1950
mit sowjetischen Flak 37 mm M 1939 ausgerüstet.

Zunächst ein Teil der Artillerie, wurde die Flakartillerie mit der Bezeichnung Truppenluftabwehr 1961 eine selbständige Waffengattung. Zeitgleich verstärkten auch Einheiten der Truppenluftabwehr die Luftverteidigung im Diensthabenden System (DHS) bis zum vollständigen Ausbau des DHS der Luftverteidigung. Die 1968 verabschiedete Konzeption der NVA bis 1980 sah dann eine massive Verstärkung der Fla-Mittel der TLA durch die Einführung von insgesamt 24 Fla-Raketenkomplexen vor, sowohl auf der Ebene der Militärbezirke als auch bei Mot-Schützendivisionen. Die FlaRak-Verbände, insbesondere die in der Nähe der Westgrenze der DDR, wurden ebenfalls in das DHS der Luftverteidigung des Warschauer Paktes jedoch ohne eine feste Raumzuweisung eingebunden. Insgesamt sechs Fla-Raketenregimenter mit den zugehörigen Beweglichen Fla-Raketentechnischen Basen waren bis Ende der 1980er Jahre in den Militärbezirken III (Leipzig) und V (Neubrandenburg)[17] disloziert.

In den 34 Jahren, in denen die Truppenluftabwehr der NVA bestand, erlebte sie mehrere strukturelle und technische Veränderungen. Das Ziel war dabei stets, jeden Verband und Truppenteil mit eigenen, wirksamen Mitteln auszustatten, den Auftrag zur „Deckung der Landstreitkräfte" zu erfüllen. Die Waffensysteme wurden von der Sowjetunion übernommen und nach den vorgegebenen sowjetischen Prinzipien gegliedert und eingesetzt. Rückblickend ist festzustellen, dass eine Dichte an Waffen erreicht wurde, die dem gesteckten Ziel weitgehend entsprach, zumal die jeweils bei einer Umrüstung eines Verbandes frei gewordenen Waffen zur Ausrüstung von Reserve- und Mobilmachungstruppen eingeplant und genutzt wurden.

Bei der Auflösung der NVA waren begonnene Modernisierungen nicht abgeschlossen. Ein Großteil der Waffen und des von Deutschland übernommenen Materials wurde nach den Regeln des Vertrags über konventionelle Streitkräfte (KSE) ausgesondert und verschrottet, mehrere Systeme wurden aber auch als Militärhilfe an andere Staaten, auch außerhalb der NATO, abgegeben[18]; teilweise sind die Waffen dort noch heute im Einsatz.

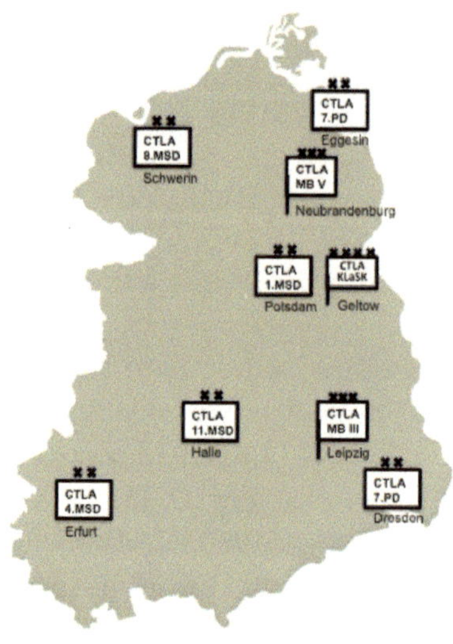

Die Führung der TLA erfolgte auf der Ebene Kommando Landstreitkräfte, der Militärbezirke und der Divisionen durch Chefs Truppenluftabwehr (CTLA)

Stationierung der Flak 57 mm S 60
der NVA-TLA und LV/LSK

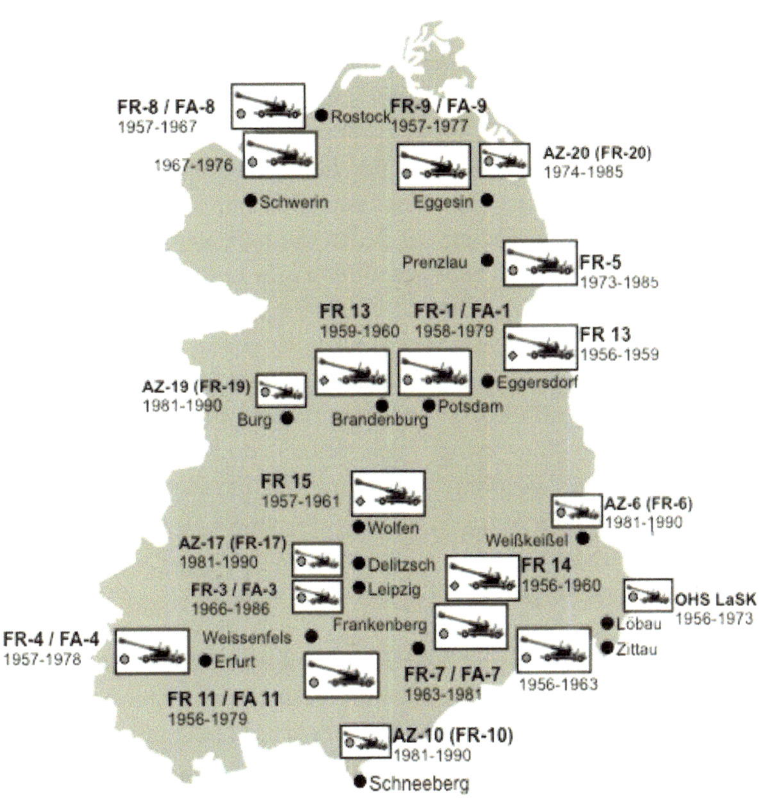

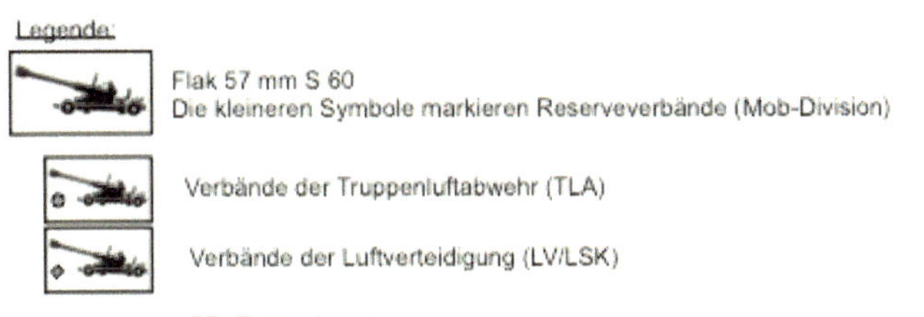

Flak 57 mm S 60

Die Flak 57 mm S 60 war Mitte der 1940er Jahre in der Sowjetunion entwickelt worden und ist die in den Armeen des Warschauer Paktes meist eingesetzte Flak gewesen[19]. In der NVA war sie die Erstausstattung in den drei ersten Flakregimentern der Luftverteidigung sowie in den Flakregimentern der Truppenluftabwehr.

Das Geschütz ist auf einer kreuzförmigen Lafette mit ausklappbaren Holmen und Stütztellern montiert, ihre vier Räder sind ausgeschäumt und ermöglichen dadurch eine hohe Beschusssicherheit bei akzeptablem Fahrverhalten. Das Geschütz ist eine konventionelle, einrohrige Kanone mit Masseverschluss, hydraulischen Rohrbremsen und Federausgleichern. Die Munition wird mit vierschüssigen Patronenrahmen geladen; die Schussauslösung und den Hülsenauswurf steuert ein Ladeautomat. Das Geschütz kann manuell oder mit Hilfe elektrischer Antriebe seitlich unbegrenzt und in der Höhe von -2° bis +87° gerichtet werden. Gegen Flugziele wird ein Reflexvisier, gegen Erdziele ein Teleskopfernrohr genutzt. Das Geschütz wurde bereits seit seiner Einführung mit einer automatisierten Feuerleitung eingesetzt. In der NVA kam zur optischen Zielaufklärung zunächst das Kommandogerät G-6/60 zum Einsatz. Durch eine 3-m-Basis wurde der Seiten- und Höhenwinkel zum Ziel ermittelt, der Vorhaltepunkt bestimmt, die Werte für die elektrischen Höhen- und Seitenrichtmaschinen der Geschütze berechnet und an sie übertragen. Das Richten erfolgte automatisch; die acht Flak-Kanoniere waren nur für das Nachladen und Abfeuern zuständig. Später gehörte die Geschützrichtstation GRS-9 mit einem Kommandogerät und der Feuerleitstation RPK-1 zur Ausstattung. In der Feuerleitstation waren ein Aufklärungs- und Zielverfolgungsradar sowie Analogrechner zur Ermittlung der Schusswerte integriert. Die Aufklärungsreichweite des Radars betrug 50 – 58 km, die Zielverfolgung war ab 40 km möglich; ohne Einsatz des Radars und bei elektronischen Störungen konnte die Zielverfolgung bei ausreichender Sicht auch durch ein zusätzliches Fernsehvisier erfolgen. Das Radar ermöglichte verschiedene Betriebsarten wie automatische Rundum-, automatische Sektor- oder manuelle Suche. Im Folgebetrieb waren eine automatische Winkelbestimmung sowie eine automatische bzw. manuelle Ermittlung der Entfernung möglich. Als Hilfe bei elektronischen Störungen war auch ein System zur Selektion beweglicher Ziele (SBZ) verfügbar, darüberhinaus konnten zahlreiche Betriebsmodi kombiniert und die Treffgenauigkeit durch manuelle Eingaben verbessert werden. Zur Zielidentifizierung gab es ein Freund-Feind-Kennsystem. Die gesamte Feuerleitstation befand sich in dem Kofferaufbau eines sowjetischen geländegängigen Lkw 5t 6x6 (Ural 375D).

In der Regel erfolgte ein geschlossener Einsatz einer Batterie mit typischerweise sechs Kanonen und einer Feuerleitstation, sodass gleichzeitig jeweils ein Ziel bekämpft werden konnte. Die Führung der vier Batterien eines Flakregiments oder der drei einer Flak-Abteilung[20] erfolgte zentral zum Schutz von gepanzerten und motorisierten Verbänden während des Angriffs, der Verteidigung und beim Marsch. Dabei kämpfte das System aus Feuerstellungen, mit denen Schwerpunkte gebildet und die ggf. durch weitere Flugabwehrmittel verstärkt wurden. Ein Schießen aus der Bewegung war nicht möglich.

Ab Mitte der 1960er Jahre konnte die Flak 57 mm S 60 die gestiegenen Anforderungen wegen ihrer systemspezifischen Einschränkungen nicht mehr erfüllen. Sie wurde daher bei den Verbänden der Luftverteidigung und der Truppenluftabwehr ausser Dienst gestellt und später durch die Einführung von Fla-Raketenkomplexen abgelöst. Die Flak 57 mm S 60 wurden ab diesem Zeitpunkt für die Flakregimenter der fünf Mobilmachungsdivisionen eingelagert.

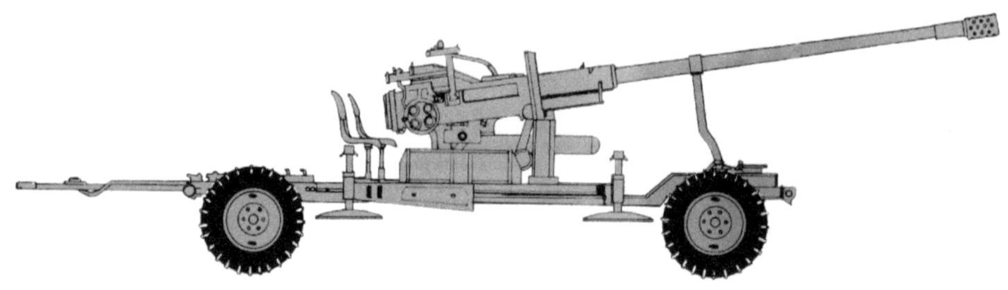

Flak S 60

Kaliber:	57 mm
Kadenz:	100 – 120 S/min
V_0:	1.000 m/s
Rohrlänge:	4,389 m (77 Kaliber)
Munitionszufuhr:	Ladeautomat, 4-Schuss Ladestreifen
Patronen:	PzGr LSpur mit Aufschlagzünder gegen Erdziele
	SplGr LSpur mit Aufschlagzünder gegen Flugziele,
	Selbstzerlegung bei 6.600 m
Gewicht Patrone:	6,61 kg
Masse Granate:	2,83 kg
Kampfsatz:	195 SplGr, 5 PzGr
Geschützlänge:	8,6 m
Maße:	Breite: 2,054 m
	Höhe: 2,46 m
	Gewicht: 4,5 t; Kampfgewicht: 4,875 t
Richtbereich:	Höhe: - 2° bis + 87°; 40°/s
	Seite: 360°; 34°/s
Theor. Reichweite:	12.000 m
Theor. Höhe:	8.800 m
Visiereinrichtung:	Reflexvisier, Erdzielfernrohr
Max. Zielgeschw.:	450 m/s
Zugmittel:	Lkw G-5, Lkw W-50
Geschwindigkeit:	Straße max. 60 km/h, Gelände 15 km/h
Bedienung:	Geschützführer, 7 Flak-Kanoniere

Stationierung der FLA-SFL 57/2 der NVA-TLA

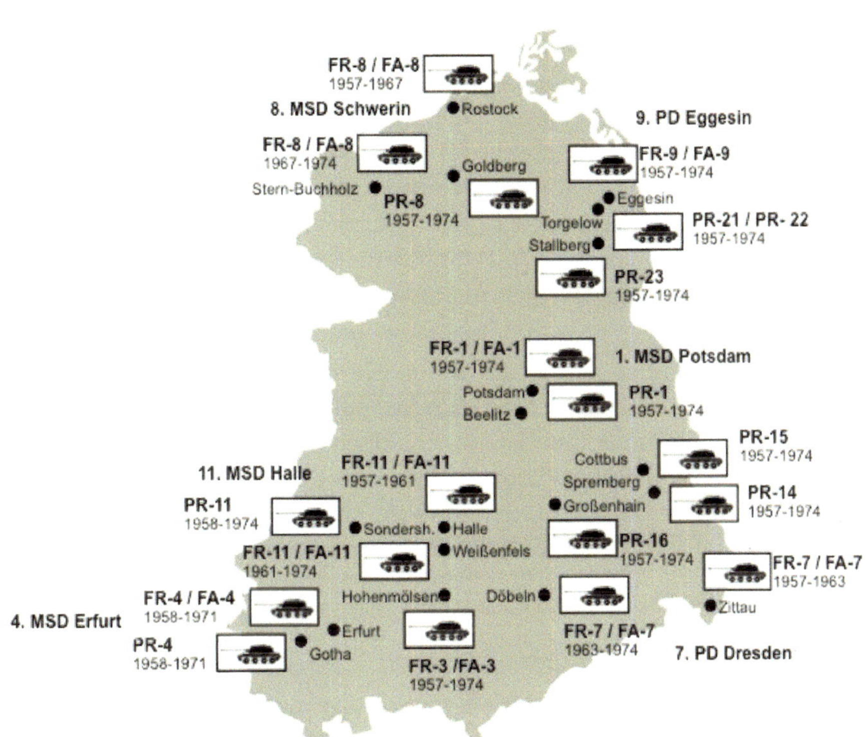

FLA-SFL 57/2 (ZSU-57/2)

Die FLA-SFL 57/2 ist eine leichtgepanzerte Selbstfahrlafette auf einem modifizierten Fahrgestell des Kampfpanzers T-54 und ausgestattet mit einer S-68 Zwillingswaffe 57 mm im nach oben offenen Turm. In der Truppenluftabwehr der NVA waren 129 FLA-SFL 57/2 ab 1957 im Flakregiment und den Panzerregimentern der Motorisierten Schützen- und Panzerdivisionen eingesetzt. Die FLA-SFL 57/2 stellte als Ergänzung zu den nur stationär operierenden S-60 Batterien den beweglich geführten Flugabwehrschutz sicher. Während der Nutzungszeit sind die Flak-Verbände häufig umgegliedert worden; dabei musste sich das Waffensystem in verschiedenen Einsatzrollen auch gegen Erdziele und zum Nahbereichsschutz militärischer Flugplätze bewähren. Im Zuge der Ausstattung der Truppenluftabwehr mit Fla-Raketenkomplexen erfolgte ein schrittweises Herauslösen und die Zuweisung zu Mobilmachungsdivisionen bis zur endgültigen Außerdienststellung 1974.

Die automatische Zwillingswaffe entspricht konstruktiv der Flak S-60 und ist wie diese ein Rückstoßlader, der manuell mit 4-Schuss-Patronenrahmen nachgeladen wird. Die Waffen wurden manuell oder elektrohydraulisch gerichtet, als Visier war ein optisches Fla-Visier verfügbar, bei dem Zielgeschwindigkeit, Schrägentfernung und Kurswinkel geschätzt und manuell eingegeben werden mussten. Im Turm befinden sich die Plätze der beiden Ladekanoniere, des Richtschützen und Funkers sowie hinten des Kommandanten. Der Kraftfahrer hatte seinen Platz im Bug der Wanne.

FLA SFL/ZSU 57/2

Bewaffnung:	2 x 57 mm/L 69 Flak S-68
V_0:	1.000 m/s
Kadenz:	210 - 400 S/min
Schussentfernung:	4000 m, max. 5.500 m
Höhenbereich:	100 – 4.000 m
Richtbereich:	Seite: 360°, 0,2°-30°/s
	Höhe: -1° - + 85°, 0,3° - 20°/s
Kampfsatz:	300 Patr. (176 im Turm): SpLS, PzbrLS
Patronengewicht:	6,61 kg
Geschossgewicht:	2,8 kg
Fahrgestell:	mod. T-54
Antrieb:	V-12 Zyl. Dieselmotor 368 kW (520 PS)
Hubraum:	38,88 l
Leistung/Gewicht:	13,8 kW/t
Maße:	Länge: 8,48 m (6,22 m)
	Breite: 3,27 m
	Höhe: 2,75 m
Masse:	28,1 t
Panzerung:	8 - 13 mm
Tankinhalt:	640 l (3 Tanks)
Fahrbereich:	420 km (590 km mit Zusatztank)
Geschwindigkeit:	Gelände 30 km/h – Straße 50 km/h
Ausstattung:	Funkgerät 10RT-26E/R-113
	Bordsprechanlage TPU-47/R-124
Besatzung:	1 Kdt, 5 FlakKan

Stationierung der FLA-SFL 23/4 der NVA-TLA

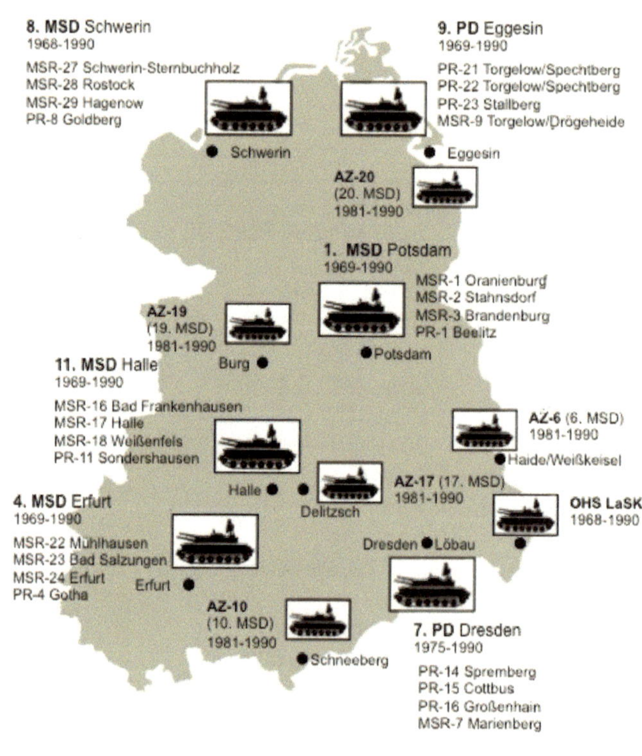

FLA-SFL ZSU-23/4 Schilka

Zu Beginn der 1960er Jahre erreichte die sowjetische Selbstfahrlafette ZSU 23/4 auf einem modifizierten Fahrgestell der PT-76-Baureihe[21] als Flakpanzer die Einsatzreife; zum Anfang der 1970er Jahre wurde sie auch in die Verbände der NVA eingegliedert. Die FLA-SFL ZSU-23/4 ist für den autonomen Einsatz in Motorisierten Schützen- und Panzerverbänden ausgelegt und verfügt als erster sowjetischer Flakpanzer über eine eigene, systemtypische Radaranlage zur Aufklärung der Ziele und zur Errechnung von Feuerleitdaten und Schießwerten. Nach sowjetischer Doktrin besaß jedes Motorisierte Schützen- bzw. Panzerregiment eine Fla-SFL-Batterie mit vier Flakpanzern, die zwei Feuereinheiten bildeten[22].

Das Chassis und der Turm des Flakpanzers sind leicht gepanzert und bieten Schutz gegen Splitter und Infanteriebeschuss. Das Chassis verfügt über ein mit Torsionsstäben gefedertes 6-Laufrollen Fahrwerk mit hinten quer liegendem Dieselmotor. Als Primärstromversorgung dient eine 51 kW Diesel-Gasturbine, die über einen Generator und Umformer sowohl 220 V/400 Hz-Dreiphasenwechselstrom als auch Gleichstrom für das 27 V-Bordnetz bereitstellt. Über ein Zusatzgetriebe kann auch der Fahrmotor den Generator betreiben. Eine Filterventilationsanlage kann im Kampfraum der Besatzung bis zu vier Stunden vor chemischen und bakteriologischen Kampfstoffen sowie radioaktivem Niederschlag schützen. Die Waffenanlage im vorderen Teil des Turms besteht aus vier flüssigkeitsgekühlten Maschinenkanonen 23 mm und den hydraulischen Richtantrieben. Die hohe Richtgeschwindigkeit in Höhe und Seite ermöglicht insbesondere die Bekämpfung überraschend erkannter tieffliegender, schneller Ziele auf kurze Entfernungen. Als theoretische Kadenz werden über 2.700 Schuss/Minute angegeben, im Einsatz waren kurze Feuerstöße von 2 – 3 Schuss die Regel, ebenso das Schießen mit zwei Waffen, um den Munitionseinsatz zu begrenzen und Überhitzungen zu vermeiden. In Munitionsbunkern beiderseits der Waffen befinden sich 2.000 Schuss im Verhältnis 3:1 gegurtete Splitterspreng- und Panzerbrandgranaten mit Leuchtspur, die elektrisch abgefeuert werden. Die hohe Kadenz und die Streuung der Waffen ergibt im Ziel eine dichte Geschosswolke mit hoher Durchschlagsleistung, so dass das System auch häufig gegen leichtgepanzerte

und infanteristische Ziele am Boden eingesetzt wurde. Die Feuerleitanlage im hinteren Teil des Turms wurde als „Radargerätekomplex" verstanden, da sie ein Rundsuchradar, ein Rechengerät, die optische Visiereinrichtung und das Stabilisierungssystem umfasst. Das Radargerät kann in sechs automatischen und manuell unterstützten Betriebsarten arbeiten, Sektoren in einstellbaren Höhenbereichen überwachen und für erkannte Ziele die Entfernung und Winkelkoordinaten ermitteln. Dazu muss ein Ziel manuell markiert und geführt werden, damit das Rechengerät auf automatische Verfolgung umgeschaltet werden kann. Alternativ zum Radar können die Zielkoordinaten auch durch die gekoppelte Visiereinrichtung ermittelt werden. Das Rechengerät errechnet aus automatisch ermittelten Daten sowie aus manuellen Voreinstellungen wie Temperaturwerten den Vorhaltepunkt und die Richtwerte für die Waffenantriebe und signalisiert dem Schützen den Eintritt des Ziels in den Wirkungsbereich der Kanonen.

Die FLA-SFL ZSU-23/4 war zu Beginn ihres Einsatzes eines der wirkungsvollsten Flaksysteme, das vorwiegend durch die damalige analoge Rechner- und Röhrentechnologie beschränkt war. Im automatischen Rundumsuchbetrieb konnte nur in einem begrenzten Höhenbereich gesucht werden. Zur lückenlosen Überwachung des gesamten Luftraums mussten daher alle Radargeräte einer Batterie eingesetzt werden, die Suchergebnisse und Daten konnten jedoch nicht übertragen und für die automatische Generierung und Darstellung einer Luftlage genutzt werden. Auf Batterieebene gab es eine bewegliche Führungsstelle PU-12, von der mittels Sprechfunk Aufträge erteilt und Zieldaten an theoretisch bis zu 12 FLA-SFL übermittelt wurden[23]. Es gab zwar mehrere Pläne für Modifikationen und Verbesserungen, sie konnten jedoch bis zur Außerdienststellung im Zuge der Abrüstungsmaßnahmen 1988/89 und vor der Auflösung der Truppenluftabwehr der NVA nicht umgesetzt werden.

FLA-SFL ZSU-23-4

Bewaffnung:	4 MK 23 mm ASP-23 Amur, wassergekühlt
Rohrlänge:	1,89 m (L 82)
V_0:	900 – 1.000 m/s
Kadenz:	theor. 3.200-3.600 S/min; prakt. 2.000 S/min
Gewicht/Waffe:	85 kg
Kampfbeladung:	2.000 Patronen LS Splitterspreng/Panzerbrand, 3:1 gegurtet
Munitionsgewicht:	450 g
Richtbereich:	Seite 360°, Höhe -4° bis +85°
Richtgeschwindigkeit:	Seite 65°-75°/s, Höhe 55°-65°/s
Schussentfernung:	2.500 m; Höhe 1.500 m
Radaranlage:	1RL33;
Frequenzbereich:	Ku-Band, 16 GHz
Suchen:	Rundum 20°/s (3,3 U/min), Höhe Auslenkung 0°-15° Sektoren Seite 30°-70°/ Höhe 45° einstellbar
Reichweite:	Erfassung 12.000 m; Rundum- /Sektorsuche Ziel-Verfolgung 10.000 m
Reaktionszeit:	ca. 3-6 s
Visieranlage:	2 Visiere, achsparallel
Rechengerät:	Analogrechner 1A7, Berechnungsbereich max. 450 m/s Rechenzeit: 4-5,5 s
Fahrgestell:	mod. Chassis PT-76
Maße:	Länge 6,54 m, Breite 3,01 m, Höhe 2,64 m / 3,16 m Radar aufgerichtet
Panzerung:	8,3 – 9,2 mm
Gefechtsgewicht:	20,5 t
Antrieb:	6 Zyl. Diesel Reihenmotor; 199 kW (280 PS)
Leistung/Gewicht:	10,2 kW/t
Geschwindigkeit:	Straße max. 50 km/h / Gelände 30 km/h
Tiefwaten:	< 1 m
Überschreitfähigkeit:	max. 2,5 m
Lufttransport:	in Antonow AN-12, Iljuschin Il-76
Fahrbereich:	Straße 450 km / Gelände 300 km (bei Dieselreserve für 2 Std. Gasturbinenbetrieb)
Kraftstoffvorrat:	2 Tanks 411 l + 110 l
Energieversorgung:	Diesel-Gasturbine DG4 51 kW
Ausstattung:	Fahrer-Nachtsichtanlage, Navigationsgerät TNA-2/3, ABC-Filterventilationsanlage, Funkgerät R-123
Besatzung:	Kommandant, Fahrer, 2 Radarbeobachter

FLA-SFL ZSU-23/4 im
Einsatz bei der NVA auf
einem Truppenübungsplatz
in der DDR, ca.1980

FLA-SFL ZSU-23/4 (ex. NVA)
2005 in Museen in Israel:

Front mit geschwenktem Turm

Heckansicht

Stationierung der FlaRak-Systeme Strela 10 der NVA-TLA

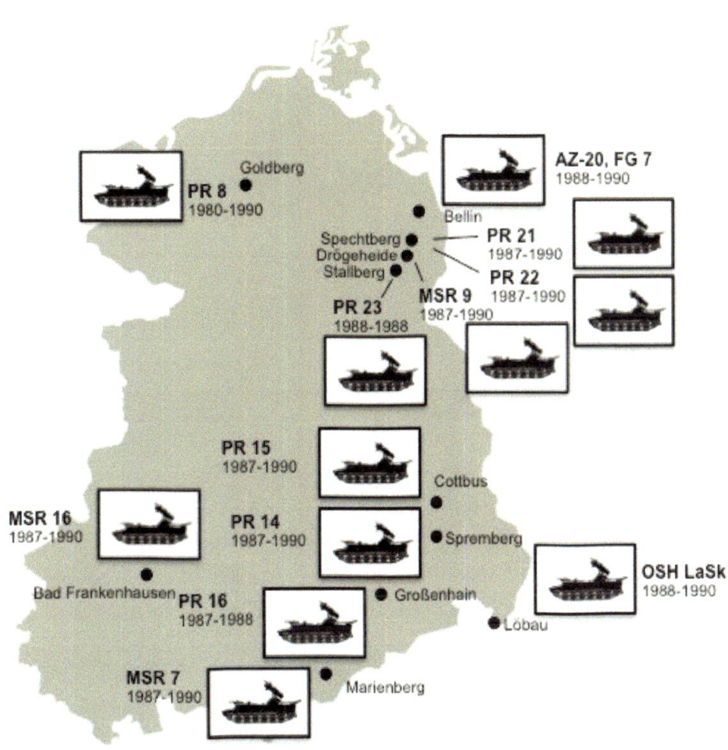

Flugabwehrraketensystem Strela 10

Als integraler Flugabwehr-Bestandteil verfügten Panzer- und Mot-Schützenregimenter in Ergänzung zu den Flak-SFL ZSU-23-4 über das Flugabwehrraketensystem 9K35 Strela 10 (NATO-Code: SA-13 Gopher). In Fla-Raketen-Artilleriebatterien bildeten 4 ZSU 23-4 den Flakartilleriezug und 4 Strela 10 den Fla-Raketenzug.

FlaRakSystem 9K35 Strela 10 in der Sammlung der Heeresflugabwehrtruppe

Das seit Anfang der 1980er Jahre in der Truppe eingesetzte Nahbereichs-Flugabwehrsystem war für die Bekämpfung tieffliegender Flugzeuge und Hubschrauber zum Schutz mechanisierter Verbände auf Vormarschwegen konzipiert. Das Fahrzeug ist ein schwimmfähiges, luftverladbares Kettenfahrgestell MT-LB, das dank besonders breiter Ketten einen geringen spezifischen Bodendruck und dadurch eine

84

gute Fahreigenschaften in schwierigem Gelände und auf Schnee hat. Das Chassis ist ausgestattet mit einem um 360° drehbaren Turm mit zwei Werferarmen für vier Lenkflugkörper in Startbehältern. In Marschlage werden diese nach hinten auf der Wanne abgelegt. Mittig am Turm befindet sich das 9S86-Radar (NATO-Code: SnapShot) zur Ermittlung der Zielentfernung sowie unten im Turmkorb hinter einem Plexiglasfenster der Bedienerplatz des Richtschützen mit dem optischen Visier, dessen Sicht teilweise jedoch eingeschränkt ist. Zusätzlich verfügt jedes Fahrzeug über vier passive Radarempfänger 9S16 (NATO-Code: Flat Box) zum Empfang und zur Ortung von Zielemissionen. Die Zielerfassung erfolgt optisch durch den Richt-schützen. Dieser zündet einen Flugkörper, sobald die Aufschaltung mit dem passiven IR/UV-Suchkopf auf das Ziel erfolgt ist und angezeigt wird. Nach dem Flug-körperstart wird das Ziel automatisch nach dem Verfahren der proportionalen Annäherung verfolgt. Die Kampfentfernung beträgt in Abhängigkeit des Zielkurses und der Zielgeschwindigkeit 500 m bis 5.200 m, max. 8.000 m im Höhenbereich 10 – 3.500 m. Um eine höhere Trefferwahrscheinlichkeit zu erzielen, wurden möglichst jeweils zwei Flugkörper auf ein Ziel abgefeuert. Die Zündung des Continuous-Rod-Gefechtskopfs[24] erfolgt durch den Annäherungszünder ca. 3 m vor dem Ziel oder bei Direkttreffern durch den Aufschlagzünder.

Die Zusammenfassung der Kanonensysteme SFL ZSU-23-4 und der Raketensysteme Strela-10 in einer Einheit hat sich als sinnvolle Realisierung eines strukturellen gemischten Einsatzes bewährt.

Turm des WaSys Strela-10 mit vier Startbehältern, dem Entfernungsmessradar, den Antennen der Radarempfänger und dem Fenster des Richtschützenplatzes

9K35 Strela-10

Flugkörper:	9K35M und 9M333
Prinzip:	Passiv IR/UV 3,5 -5 μm / 0,3-0,8 μm
Maße:	Länge: 2,35 m, Durchm.: 120 mm, Spannweite: 400 mm
Antrieb:	Feststoff
Geschwindigkeit:	517 m/s (1,8 M)
Reichweite:	500 - 5.200 m
Höhenbereich:	10 - 3.500 m
Zielgeschwindigkeit:	anfliegend max. 415 m/s, abfliegend max. 310 m/s
Gefechtskopf:	Continuous Rod, 5 kg
Gewicht:	42 kg
Kampfbeladung:	4 LFK am Werfer, 4 LFK (auf LKw)
Radar:	9S86 Snap Shot
Entfernungsbereich:	430 -10.300 m
Messgenauigkeit:	Distanz ca. 100 m; Geschwindigkeit 30 m/s
Radarempfänger:	4 9S16 Flat Box
Ausstattung:	MG 7,62 mm
Herstellen d. Gefechtsber.:	3 Minuten
Fahrzeug:	KettenTrspKfz MT-LB
Maße:	Länge: 6,45 m, Breite: 2,85 m, Höhe (Wanne):1,88 m
Panzerung:	3 – 10 mm Al/Stahl
Bodendruck:	0,46 kg/cm^2
Gewicht:	11,9 t
Antrieb:	V8-Dieselmotor, 14,86 l Hubraum
Leistung:	179 kW (240 PS); 15 kW/t
Tankinhalt:	450 l
Geschwindigkeit:	Straße: 61 km/h, Gelände: 30 km/h, Wasser: max. 6 km/h
Fahrbereich:	max. 500 km
Besatzung:	3 Soldaten

Anschauungsmodell des Flugkörpers 9KM35

Stationierung der FlaRak-Systeme Krug der NVA-TLA

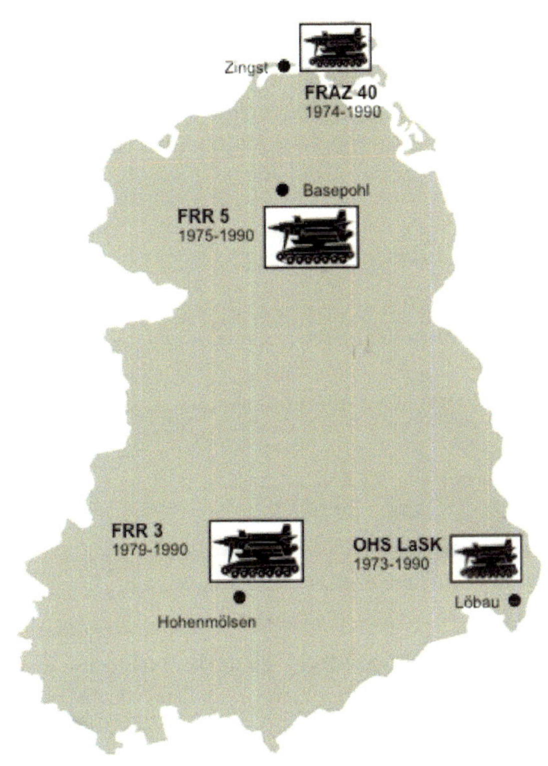

Flugabwehrraketensystem 2K11 Krug

Die 1968 vom Ministerrat der DDR festgelegte Konzeption, bis 1980 die Truppenluftabwehr mit Flugabwehrraketensystemen zu verstärken, war die Grundlage, die mit der sowjetischen Flak 100 mm KS19 ausgerüsteten Flakregimenter der Militärbezirke ab 1974 zu Flugabwehrraketenregimentern umzurüsten und das erste mobile sowjetische Raketensystem 2K11 Krug (NATO-Code: SA-4 Ganef) einzuführen. Das System Krug ist speziell gegen Ziele in mittleren bis großen Höhen auf eine Reichweite bis 55 km konzipiert und ergänzte die ebenfalls bei der Truppenluftabwehr eingeführten Mittelstrecken-Systeme 2K12 Kub und die Kurzstreckensysteme 9K33 Ossa.

Die sowjetische 100-mm-Flak KS-19 war die schwerste Flak der Truppenluftabwehr

In der NVA umfasste eine 2K11-Krug-Batterie eine Raketenleitstation (RLS 1S32; NATO-Code Pat Hand), drei Startgeräte (Startrampen 2P24) mit jeweils zwei Lenkflugkörpern, und einen Lkw Transportladefahrzeug (TLF 2T6) mit Spezialkran. Zum System gehörten auch die auf Lkw Ural und ZIL verlastete Feuerleitkabine als beweglicher Gefechtsstand und die zugehörige Zielempfangskabine, das Kabellegefahrzeug, ein Sattelschlepper zum Transport der Flugkörper, mehrere Kontroll und Prüfstationen, Betankungsfahrzeuge, ein Justierturm auf Lkw sowie Lkw als Technologische Ausrüstungskomplexe. Auf den Ebenen der Abteilung und des Regiments gehörten weitere Radargeräte zum System 2K11 Krug, darunter das auch für andere FlaRak-Systeme genutzte Such- und Erfassungsradar Long Track und das Feuerleitradar Straight Flush.

Das System ist durch Verwendung von Kettenfahrgestellen für die Startgeräte, die Raketenleitstation und die Radaranlage auch in schwerem Gelände mobil. Das Startgerät trägt zwei zweistufige Lenkflugkörper, die für einen Start von den drei

Soldaten der Besatzung in der Stellung manuell durch Entfernen von Abdeckungen und Planen und durch Aufstecken der beim Transport entfernten Leitflächen und Ruder vorbereitet sowie entsichert werden müssen. Beim Start beschleunigen die vier Starttriebwerke den Flugkörper innerhalb von 15 Sekunden so, dass der Ramjet-Motor[25] des Marschtriebwerks gestartet und eine Geschwindigkeit von ca. 4 Mach erreicht wird. Nach ca. 3 km Flug werden die Starttriebwerke abgeworfen und die Steuerung des Flugkörpers durch die Raketenleitstation aktiviert. Die Bekämpfung eines Ziels kann sowohl mit autonomer als auch zentralisierter Feuerleitung erfolgen, indem die von den Radaranlagen des Regiments und der Abteilung ermittelten Zielwerte von der Raketenleitstation übernommen, mit den empfangenen Flugkörper-Positionsdaten korreliert und Lenkkommandos errechnet werden. Die Ziele konnten durch das übergeordnete Long-Track-Radar der Abteilung bereits in einer Entfernung von bis zu 300 km und in einer Höhe von bis zu 30.000 m erfasst werden; die Aufschaltung erfolgte durch das batterieeigene Pat-Hand-Radar in ca. 125 km Entfernung, der Start des Flugkörpers bei 80 – 90 km Entfernung. Zum Start eines Flugkörpers wurde der Raketenträger des Startgeräts horizontal geschwenkt und um 45° aufgerichtet. Der Gefechtskopf wurde durch Funk-Näherungszünder etwa 250-300 m am Ziel oder durch Aufschlagzünder ausgelöst, sodass der Sprengsatz mit ca. 15.000 Stahlwürfeln in einer Netzstruktur und hoher kinetischer Energie eine große Wirksamkeit entwickeln konnte.

Die Kettenfahrgestelle des Startgeräts und der Raketenleitstation sind ungepanzerte Fahrzeuge der Baureihe GM (Raupenmaschine), die als Träger und Chassis sehr häufig eingesetzt sind. Die Träger des Systems Krug verfügen zusätzlich über eine Gasturbine zur Energieversorgung und eine analoge Anlage zur Ortsbestimmung sowie einer Überdruck-Luftfilteranlage. Insgesamt verfügten die 2K11-Regimenter mit fast 250 Lenkflugkörpern, mehr als 800 Kraftfahrzeugen, 400 t Versorgungsgütern sowie großen Mengen an Waffen und Munition über eine Ausstattung[26], die den Soldaten die besondere Bedeutung ihres Waffensystems verdeutlichte.

Startgerät 2K11 Krug bei einer
Übung in der DDR, ca. 1987

Die beiden Regimenter absolvierten regelmäßig mehrwöchige Übungen auf dem Raketen-Schießplatz (Polygon) Ashuluck in der Sowjetrepublik Kasachstan und zeigten dabei die beeindruckende Leistungsfähigkeit des Systems. Mehrmals wurden die Verbände als „Bester Truppenteil der NVA" ausgezeichnet, was den besonderen Stolz der Soldaten der Regimenter und der Truppenluftabwehr allgemein begründete.

 Parade am 39. Jahrestag der Gründung der DDR am 07.10.1988

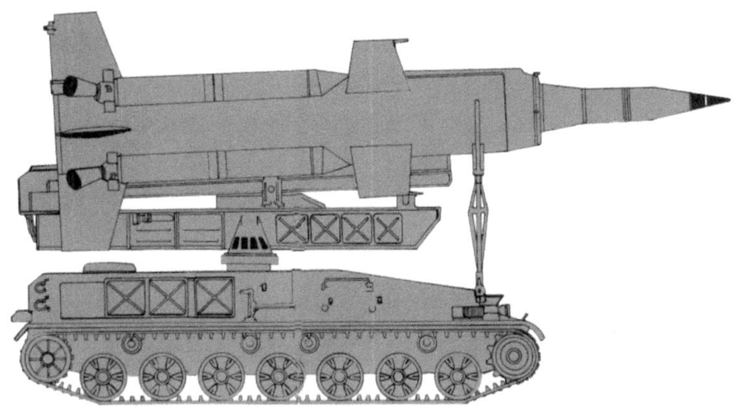

2K11 Krug

Flugkörper 3M8M	Länge: 8,84 m
	Durchmesser: 860 mm
	Spannweite: 2,6 m
Gefechtsgewicht:	2.453 kg
Antrieb:	1. Stufe: 4 Feststoffraketen, Brenndauer 15 s;
	Abwurf nach 3.500 m Flugstrecke
	2. Stufe: Staustrahltriebwerk (Ramjet)
Steuerung:	halbautomatisches Sichtlinienverfahren Funk (SACLOS)
Geschwindigkeit	Mach 4
Bekämpfungsbereich:	8 - 55 km; Höhe 100 – 27.000 m
Reaktionszeit:	ca. 60 s
Zielgeschwindigkeit:	max. 800 – 1.000 m/s
Gefechtskopf:	135 kg FRAG-HE
	Annäherungszünder (Funk); Aufschlagzünder
Trägerfahrzeug:	GM-123 (mod. GMZ)
Maße:	Länge: 7,5 m, mit LFK: 9,46 m; Breite: 3,2 m;
	Höhe: 4,47 m (mit LFK)
Gewicht:	28,2 t
Antrieb:	V-59 V-12 Mehrkraftstoffmotor (Diesel), wassergekühlt
Leistung:	526 PS (17,33 PS/t)
Fahrbereich:	450 km; Tankinhalt: 850 l
Geschwindigkeit:	max. 35 km/h
Energieversorgung:	Gasturbine, Zusatzaggregat
Besatzung:	3 – 5 Soldaten

Stationierung der FlaRak-Systeme Kub der NVA-TLA

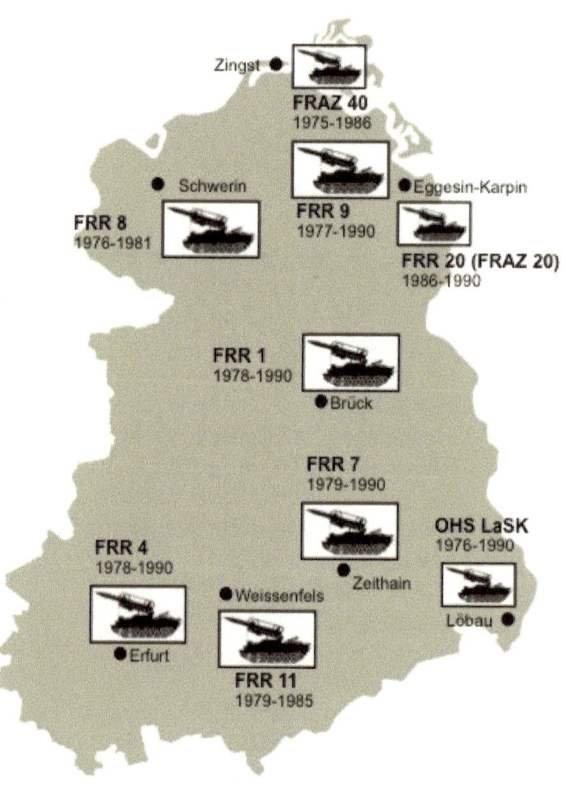

Flugabwehrraketensystem 2K12 Kub

Ab Mitte der 1970er Jahre wurden die Flak-Abteilungen der Panzer- und Mot.-Schützenregimenter zu Raketenregimentern der Truppenluftabwehr umgegliedert und mit dem Flugabwehrraketensystem 2K12 Kub (NATO-Code: SA-6 Gainful) ausgestattet. Als mobiles Raketensystem dient es dem Schutz motorisierter Verbände auf mittlere Reichweite besonders im Angriff und auf dem Marsch. In der NVA war die Struktur der Regimenter unterschiedlich; sie umfasste neben der Führungs- und der Technischen Batterie in den Regimentern der Panzerdivisionen fünf, in denen der Mot.-Schützendivisionen vier FlaRak-Batterien. Die Batterien verfügten jeweils über vier Startrampen mit je drei Flugkörpern, ein Kettenfahrzeug Aufklärungs- und Leitstation (NATO-Code: Straight Flush), eine Kabine Zielzuweisung, zwei Transport- und Ladefahrzeuge sowie ein Schützenpanzer (BRDM-2 oder BTR-60) als Aufklärungs- und Führungsfahrzeug. In der Führungsbatterie waren weitere Suchradaranlagen (P-40, RBS-15/-18/-19), das Höhenradar (PRW-16), Feuerleit-Fahrzeuge und -Kabinen sowie Vermessungs-Lkw eingesetzt.

In den Feuerleitkabinen der Führungsbatterie wird durch die in unterschiedlichen Frequenzbändern arbeitenden Radaranlagen ein gemeinsames Luftlagebild erstellt, Ziele mittels Lichtgriffel markiert und ihre Zielkoordinaten über Datenfunk an die Radaranlage der schießenden Batterie übermittelt. Dort erfolgt nach der Bestätigung des Schießleitenden die Aufschaltung durch das Folgeradar der Leitstation, die Ausrichtung des Lenkflugkörpers der ausgewählten Startrampe auf den berechneten Vorhaltepunkt, die Aufschaltung des Zielsuchkopfes und der Start des Flugkörpers. Beim Start wird ein Feststofftriebwerk gezündet, das den Flugkörper in 3 bis 6 Sekunden auf ca. 1,5 Mach beschleunigt, sodass das Staustrahl-Marschtriebwerk für ca. 20 Sekunden die Geschwindigkeit von bis zu 2,5 Mach konstant hält. Durch das Dauerstrichradar der Leitstation wird das Ziel für die gesamte Flugzeit des Flugkörpers beleuchtet, und der Flugkörper dadurch halbaktiv proportional auf den Treffpunkt gelenkt. Die Zündung des Splitter-Sprengkopfs erfolgt durch einen zweikanalig aufgebauten Funkzünder ca. 30 m vor dem Ziel.

Die FlaRak-Batterie Kub wurde grundsätzlich in einer Feuerstellung eingesetzt, die bei automatisierter Feuerleitung genau vermessen sein musste und in der die Stellungen der Startrampen und der Leitstation in einer starren Gefechtsordnung grundsätzlich festgelegt waren. Ein Feuerkampf aus kurzem Halt oder aus der Bewegung war nicht möglich; bei beweglich geführten Gefechten der zu schützenden Verbände waren daher häufige Stellungswechsel im überschlagenden Einsatz und mit autonomer Feuerleitung durch die Batterie-eigene Leitstation erforderlich. Dabei erwies sich die hohe Beweglichkeit des Systems als vorteilhaft, da sie erlaubte, die Batterien eines Regiments in zwei Linien zu entfalten, die Verbindung zu den eigenen

Truppen zu halten und große Räume abzudecken. So konnte die systembedingte Einschränkung abgefangen werden, dass in einer Batterie nur jeweils ein Zielkanal[27] nutzbar war und innerhalb einer Division nur vier bis fünf Ziele gleichzeitig bekämpft werden konnten.

Das Flugabwehrraketensystem 2K12 Kub war seit seiner Einführung in zahlreichen Kriegen[28] im Nahen Osten eingesetzt und hat sich durch mehrere dokumentierte Abschüsse als wirksames, aktuell in mehreren Ländern weiter eingesetztes Luftverteidigungssystem erwiesen.

Transport- und Ladefahrzeug 2T7 auf Lkw ZIL 131 bei einer Parade der NVA 1983

Startgerät Kub, im Hintergrund eine Radaranlage (Rundblickstation) P15

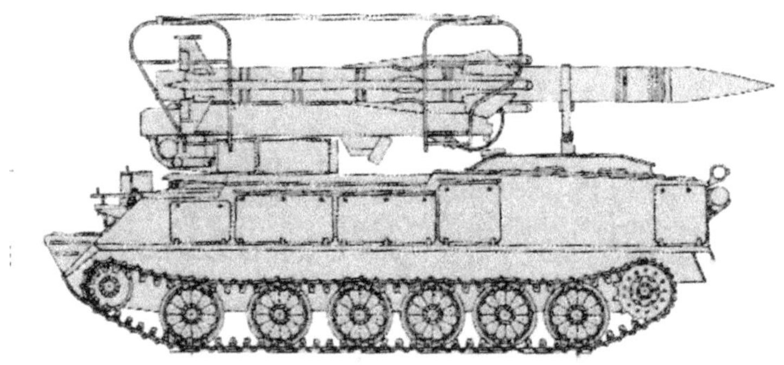

2K12 KUB

Flugkörper:	9M9
Länge:	5,80 m
Durchmesser:	0,33 m
Spannweite:	1,24 m
Gewicht:	580 kg
Antrieb:	Feststoffstarttriebwerk, Staustrahlmarschtriebwerk
Geschwindigkeit:	Mach 2,5 (700 m/s)
Gefechtskopf:	80 kg, Splitterspreng HE
Lenkverfahren:	Kommandolenkung, halbaktiv
Bekämpfungsentfernung:	4 -24 km
Bekämpfungshöhe:	50 m – 12 km
Zielgeschwindigkeit:	max. 600 m/s
Trägerfahrzeug:	mod. Chassis PT-76
Maße:	Länge 7,40 m, Breite 3,20 m, Höhe 3,85 m
Gewicht:	14 t
Panzerung:	9 mm
Antrieb:	6 Zyl. Diesel Reihenmotor (V-6R); 199 kW (280 PS)
Geschwindigkeit:	45 km/h
Fahrbereich:	250 km
Energieversorgung:	Gasturbine, Generator 40 kW, 220 V / 400 Hz
Ausstattung:	Kreisel-Navigationsgerät; Datenfunkgerät
Besatzung:	3 Soldaten

Einsatzdaten:

Herstellen der Feuerbereitschaft:	5 - 9 Minuten
Zeit Zielzuweisung/FK-Start:	ca. 54 sek.
Stellungsgröße Bttr.:	Freiraum 400 x 400 m

Stationierung der FlaRak-Systeme Ossa der NVA-TLA

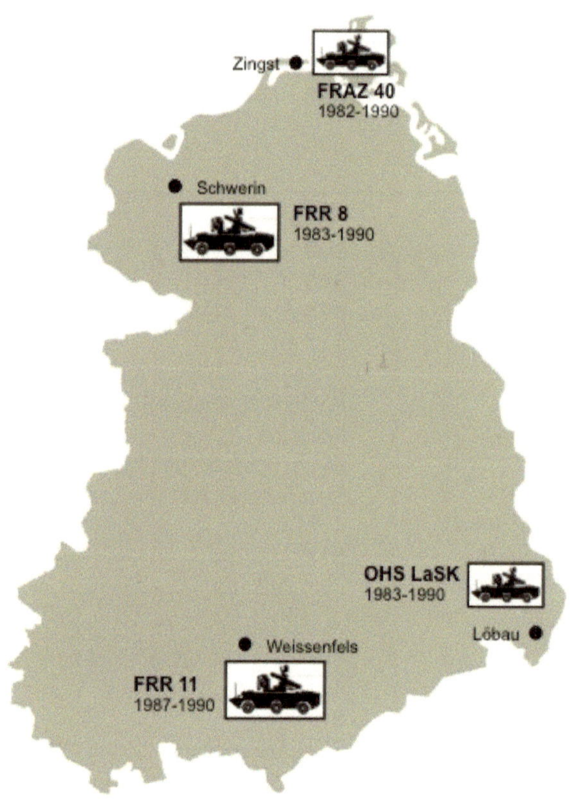

Legende:

Fla-Raketenkomplex 9K33 Ossa AK NATO-Bezeichnung: SA-8b Gecko

FRR: Fla-Raketenregiment
FRAZ: Fla-Raketenausbildungszentrum (UffzAusb)
OHS LaSK: Offizierhochschule der Landstreitkräfte (OffzAusb)

Flugabwehrraketensystem 9K33 Ossa AK

Als drittes Flugabwehrraketensystem der Truppenluftabwehr wurden Mitte der 1980er Jahre Flugabwehrregimenter der Motorisierten-Schützendivisionen mit dem Flugabwehrraketenkomplex 9K33 Ossa AK (NATO-Code: SA 8b Gecko)[29] ausgestattet. Das System wurde zur Bekämpfung von Hubschraubern und Kampfflugzeugen in niedrigen und mittleren Flughöhen eingesetzt und verdichtete den Einsatz der anderen Raketensysteme der Truppenluftabwehr mit einer Reichweite von bis zu 12 km. Das System ist autonom und vereint in der Start- und Leitstation alle für eine Bekämpfung erforderlichen Anlagen und Komponenten auf einem geländegängigen, amphibischen, ungepanzerten 6x6 Fahrzeug der Baureihe BAZ. Die beiden seitlich am Turm befindlichen Werfer tragen sechs wartungsfreie Flugkörper in Startbehältern. Mit dem eigenen Suchradar wird in der autonomen Einsatzweise der Luftraum mit einer Reichweite von 40 km aufgeklärt, werden Ziele erkannt, mit dem integrierten IFF-Gerät identifiziert und die Zieldaten an das Radargerät Ziel übertragen. Nach dem Flugkörperstart verfolgt ein Radargerät Rakete den Flugkörper. Im Rechner werden aus den Ziel- und den Flugkörperdaten Lenkkommandos ermittelt, die als Funkkommandos an den Flugkörper übertragen werden. Die Zündung des Gefechtskopfs erfolgt durch den Funk-Annäherungs- oder den Aufschlagzünder. In dem durch das Regiment zentral geführten Einsatz brauchte die eigene Radaranlage erst kurz vor Beginn des Feuerkampfes mit einer Reaktionszeit von ca. 30 Sekunden aktiviert werden.

Der Einsatz der Systeme eines Regiments[30] erfolgte nach sowjetischer Doktrin geschlossen mit allen vier FlaRak-Batterien. Die Führungsbatterie des Regiments verfügte über eine Automatisierte Führungsstelle, in der die Aufklärungsergebnisse von vier weitreichenden Luftraum-Aufklärungsradaranlagen zu einem gemeinsamen Luftlagebild zusammenfasst und Zieldaten über Draht oder Datenfunk auf die Sichtgeräte der Führungsstellen der Batterien übertragen wurden. Die vier FlaRak-Batterien[31] hatten die gleichen Automatisierten Führungsstellen, von denen Feuerkommandos als Sprechfunkbefehle mit Angaben über die Zielentfernung, dem Seiten- und dem Höhenwinkel an die Start- und Leitstationen erteilt wurden.

Start- und Leitstation Ossa auf dem Marsch; die Suchradarantenne ist hinter den Startbehältern abgeklappt

Beladen der Startstation durch den Ladekran des Transportladefahrzeugs

Der Einsatz der auf verschiedenen Frequenzbändern arbeitenden Radaranlagen der Führungsbatterie[32] und der einzelnen Waffensysteme ermöglichte einerseits die Überwachung eines großen Raumes und erlaubte andererseits einen ständig wechselnden Sendebetrieb als wirkungsvolle Maßnahme gegen elektronische Störungen des Gegners und zur Verschleierung der eigenen Gefechtsgliederung. Insgesamt erwies sich die Konzeption als autonomes Raketensystem als wesentliche Steigerung der taktisch-operationellen Flexibilität und der Möglichkeiten, gleichzeitig mehrere Flugziele zu bekämpfen. Die Einschränkungen durch die fehlende zentrale automatisierte Feuerleitung der schießenden Waffensysteme konnten daher in Kauf genommen werden.

Die Anlagen des Turms der Start- und Leitstation Ossa:
vorn mittig: Antenne des Zielfolgeradars mit (oben) elektro-optischem Tracker,
vorn rechts und links: Antennen der beiden Raketenfolgeradare mit den Kommandosender-Antennen,
dahinter: rechter Werfer mit 3 Startbehältern,
oben hinten: Antenne des Suchradars

9K33 Ossa AK

Flugkörper 9M33	einstufiges Feststofftriebwerk
Durchmesser:	0,33 m
Spannweite:	0,65 m
Länge:	3,1 m
Gewicht:	170 kg
Gefechtskopf:	40 kg (19 kg FRAG-HE)
Geschwindigkeit:	600 m/s (Mach 2)
Zielgeschwindigkeit:	max. 500 m/s
Einsatzbereich:	Höhe: 25 – 5.000 m, theor. 12 km, Entf.: 3 -12 km
Lenkverfahren:	Kommandolenkung
Reaktionszeit:	26 – 34 s
Herstellen der Gefechtsbereitschaft:	3 – 5 Minuten
Suchradar:	H-Band; integriertes IFF (12 Codes)
Radarreichweite:	40 km
Impulsfolgefrequenz:	2,8 kHz
Impulslänge:	0,45 µs
Impulsleistung:	270 kW
Empfänger-Empfindlichkeit:	10^{-13} W
Messbereich:	360° / Höhe +30°
Antennenumdrehungen:	33 U/min
Radargeräte Ziel / Rakete:	G-/ J-Band, frequenzagiles Monopuls
Reichweite:	20 – 25 km
Fahrzeug:	BAZ -5937, 6x6, amph., gl, ungepanzert
Maße:	Länge 9,14 m; Breite 2,90 m; Höhe 4,2 m (SR unten)
Gewicht:	18,6 t
Antrieb:	Diesel 5D20B-300
Leistung:	220 kW (310 PS)
Fahrbereich:	500 km (Straße)
Geschwindigkeit:	Straße 60 km/h, Wasser 5 km/h
Kampfbeladung:	6 LFK
Ausstattung:	ABC-Schutzanlage; Infrarot-Fahr- und Sichtanlage; Navigationsanlage TNA-3; Funkgeräte
Besatzung:	3 – 5 Soldaten

Schießen mit 9K33 Ossa auf dem rumänischen Schießplatz Capu Midia

Neuausrüstung und Umstrukturierung –
Die Heeresflugabwehr 1972 – 1994

Die zentrale Führungsvorschrift HDv 100/1 „Truppenführung" sprach das grundlegende Problem der Heeresflugabwehr 1962 an: „Da sie nicht allen Erfordernissen entsprechen kann, hat der Truppenführer zu bestimmen, welche Objekte vordringlich zu schützen sind." Die Bewertung dieser Einschränkung und der Erfahrungen bis dato führte einerseits zur Bildung von reinrassig ausgerüsteten Verbänden auf Divisions- und Korpsebene und stand andererseits am Beginn der Entwicklungen neuer, autonomer Waffensysteme: der Beschaffung der Flugabwehrkanonenpanzer Gepard und der Flugabwehrraketenpanzer Roland. Die Grundlagen für die Einführung dieser Waffensysteme wurden sowohl durch eine konsequente Intensivierung der Ausbildung über Physik und Technik elektronisch gesteuerter Waffensysteme gelegt, als auch durch die Umgliederung der Truppengattung in eine Struktur, die die Leistungsfähigkeit der neuen Systeme optimal unterstützte und den verfügbaren Personalrahmen nutzte. Den Kern dieser Struktur bildeten Regimenter, deren Grundgliederung für PzFlak- und PzFlaRak-Verbände gleich waren. Sie verfügten jeweils über sechs schießende Batterien mit sechs Waffensystemen in zwei Zügen, eine Stabsbatterie und eine Versorgungsbatterie. Die Regimenter wurden bei Übungen und für den Einsatz in zwei Fla-Kampfverbände unterteilt, wodurch die Führung und der Einsatz deutlich erleichtert wurden. Die Fla-Kampfverbände, denen in der Regel je drei Batterien und zugehörige Versorgungsanteile unterstellt wurden, entsprachen der Bataillonsebene; sie erfüllten eigenständige Aufträge und konnten lageangepasst auch durch Unterstellung anderer Batterien verstärkt oder durch Abgaben flexibel eingesetzt werden.

Die bei der Umrüstung auf FlaRakPz Roland frei gewordenen L70-Bataillone wurden als gekaderte Feldflugabwehr zum Schutz von Objekten in den rückwärtigen Gebieten von Reservisten mit großem Engagement in Dienst gehalten.

Für den Erhalt der Fähigkeiten der Flugabwehr war gleichzeitig auch die Erneuerung der Aufklärung zwingend erforderlich. Die eigenständige Fla-Aufklärung, Auswertung und Feuerleitung waren seit der Aufstellung auf die Radargeräte TPS-1E, ein Netz von Luftraumbeobachtern und Sprechfunkverbindungen angewiesen. Dieser Schwachpunkt im System Flugabwehr konnte durch den Einsatz der Suchradargeräte der Waffensysteme Gepard und Roland zwar abgemildert werden, das Fehlen einer ergänzenden Aufklärung führte jedoch immer wieder zu Problemen. Da die Waffensysteme nur mit eingeschaltetem Radar ohne Einschränkungen kampfbereit waren, mussten die Truppenführer durch die elektronische Aufklärung des Gegners die frühzeitige Offenlegung der eigenen Gefechtsgliederung befürchten. Das Konzept

des „Heeresflugabwehr-Aufklärungs- und Gefechtsführungssystems (HFlaAFüSys)"
war die Grundlage zur Entwicklung moderner Luftraum- und Tieffliegerüberwachungsradargeräte sowie von Komponenten zur Datenübertragung, der verzugslosen Übermittlung von Luftlagebildern und der Vernetzung der Waffensysteme. Das System konnte jedoch mit zeitlicher Verzögerung nur teilweise realisiert werden. In einem ersten Schritt wurden die Stabsbatterien der Korps-Fla-Kommandeure mit weitreichenden Luftraumüberwachungsradargeräten LÜR ausgestattet, die geplante Ausrüstung der Divisionsregimenter mit Nahbereichsradargeräten TÜR[33] ist nicht erfolgt.

Durch die Einführung der autonomen Waffensysteme Gepard und Roland erreichte die Heeresflugabwehrtruppe gleichwohl am Ende der 1970er Jahre die höchste Leistungsfähigkeit aller Heeresflugabwehrkräfte in Ost und West. Der untere Luftraum verfügte in den Einsatzräumen der Heeresflugabwehr über ein erhebliches Schutzpotenzial, auf das sich auch die integrierte Luftverteidigung der NATO abstützen konnte. Die Regimentsstruktur erwies sich bis zum Beginn der 1990er Jahre als stabile Organisationsform. Sie musste erst im Zuge der grundsätzlichen, sicherheitspolitischen Änderungen mit der deutschen Wiedervereinigung und dem Ende der Ost-West-Konfrontation angepasst werden.

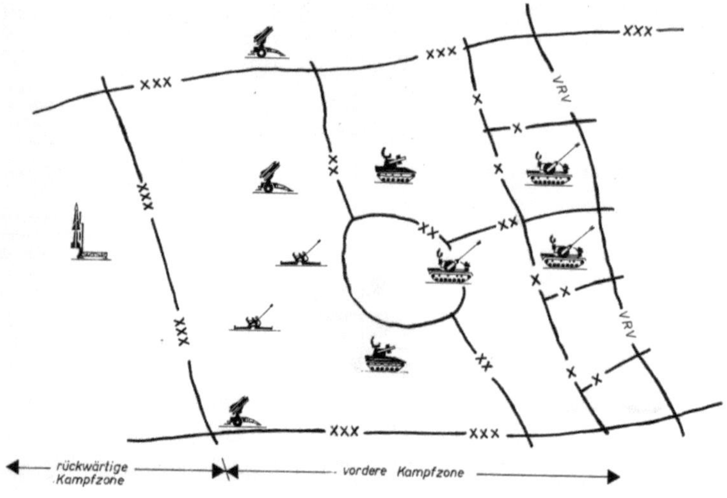

Einsatz von Luftverteidigung und Flugabwehr,
Illustration in einer Ausbildungsunterlage 1979

Stationierung der Waffensysteme FlakPz 1 Gepard

Flugabwehrpanzer Gepard

Die Übergabe des ersten FlakPz Gepard am 16. Dezember 1976 an Soldaten des Fla-Lehrbataillons aus Rendsburg markiert einerseits das vorläufige Ende eines ambitionierten Entwicklungs- und Beschaffungsvorhabens und andererseits den Beginn des Einsatzes eines der komplexesten, technologisch anspruchsvollsten und leistungsfähigsten Waffensysteme des Heeres. Vorausgegangen waren mehrere Entwicklungsansätze mit unterschiedlichen Waffen, Fahrgestellen und Radaranlagen[34], die sich aber alle als unbrauchbar erwiesen. Schließlich wurde 1970 nach einem Systemvergleich[35] entschieden, das Konzept 35 mm der Schweizer Firmengruppe Oerlikon-Contraves-Albis zur Serienreife[36] zu entwickeln.

Als Hauptwaffensystem der Heeresflugabwehrtruppe wurden bis Oktober 1980 insgesamt 432 Flak-Panzer als Ausstattung von 11 Regimentern der Divisionstruppen mit je 36 Waffensystemen beschafft. Die Zuordnung der jeweils sechs Kampfbatterien zu zwei Fla-Kampfverbänden auf Bataillonsebene, denen nach Lage und Auftrag eine unterschiedliche Zahl von Batterien unterstellt wurde und die später auch durch Einheiten der Roland-Regimenter der Korps verstärkt werden konnten, ergab eine sehr flexibel einsetzbare, deutlich gesteigerte Feuerkraft zum Schutz der Truppen, Einrichtungen und Anlagen. Als mobiles, voll autonomes Waffensystem konnte der FlakPz Gepard Flugziele bis zu einer Entfernung von 3.500 - 5.000 m und leicht gepanzerte Bodenziele bis 1.500 m bekämpfen. Die entscheidenden Leistungen des Waffensystems werden durch die Hauptkomponenten Feuerleitanlage, Waffenanlage und einem Leopard-1 Fahrgestell erfüllt. Die Feuerleitanlage setzt sich aus dem Suchradar mit integriertem IFF und dem Folgeradar, der zentralen digitalisierten Regel- und Steuereinheit, der V_0-Messanlage, den optischen Richtmitteln (Periskopen) und dem Laserentfernungsmesser zusammen. Die beiden 35-mm-Maschinenkanonen feuern optimierte Feuerstöße mit hoher Geschossanfangsgeschwindigkeit (V_0) und geringer Streuung. Kommandant, Richtkanonier und Kraftfahrer bilden die Besatzung des FlakPz; zur Sicherstellung eines 24-stündigen Einsatzes sowie zur Nahsicherung gehörten Wechselbesatzungen zur PzFlak-Gruppe.

Die Modernität und Komplexität des Gepard beeinflussten auch andere Systeme und Entwicklungsvorhaben des Heeres. So war der Gepard das erste Großsystem des Heeres, dessen Instandsetzung mit Hilfe des Rechner-gestützten Mess- und Prüfsystems (REMUS) erfolgte. Zur taktischen und technischen Ausbildung wurden konsequent systemeigene Simulatoren eingesetzt, die wiederum für andere Systeme beispielhaft wurden. Dazu zählten die Ausbildungsanlage Simulator Flugabwehrkanonenbatterie (ASF) sowohl für die Erst- und Einzelausbildung der Kanoniere und der Gemeinschaftsausbildung der Besatzung als auch der taktischen Ausbildung der Batterie, ebenso die Schießtaktische Auswerteanlage (STA), mit der eine weiträumige Erfolgskontrolle im Übungseinsatz erfolgen konnte.

Unbefriedigend blieb jedoch die Unterstützung bei Führung und Feuerleitung, die erst nach Einführung einer neuen Funkgerätegeneration und Aufbau des Heeresflugabwehr Aufklärungs- und Gefechtsführungssystem (HFlaAFüSys) erfolgen konnte. Die Anbindung der FlakPz an das HFlaAFüSys wurde gemeinsam mit anderen Verbesserungen als Kampfwertsteigerung[37] konzipiert und erfolgte im Rahmen einer Nutzungsdauerverlängerung (NDV) ab 1997 an 147 FlakPz, die als FlakPz 1A2 bezeichnet werden. Den Kern der NDV bildeten neben Maßnahmen zur Sicherstellung der Versorgbarkeit operationelle Verbesserungen, u.a. durch Einrüstung einer digitalisierten Regel- und Steuereinheit - sowie durch die Beschaffung einer neuen Munition mit wesentlich größerer Reichweite.

Der FlakPz Gepard war nach seiner Einführung kooperationspolitisch eines der bedeutsamsten Vorhaben, das die vertrauensvolle Zusammenarbeit mit den Niederlanden über lange Jahre bis heute sehr gefestigt hat. Allerdings ist die Zahl der eingesetzten FlakPz insbesondere nach Ende der Ost-West Konfrontation im Zuge von Strukturänderungen[38] stark reduziert worden. In Deutschland waren es schließlich sowohl die Priorisierung auf die Einsatzerfordernisse wie auch die Berücksichtigung gesamtstaatlicher Zwänge, die eine Anpassung der Organisationsformen und Strukturen erforderten. Dazu kam die Notwendigkeit, Sparpotential im Verteidigungsetat zu definieren und Synergien zu nutzen. Mit der Entscheidung vom März 2010, alle noch eingesetzten 121 Flugabwehrpanzer Gepard zur Einsparung von Instandsetzungsmitteln vorzeitig stillzulegen, wurde der Heeresflugabwehrtruppe[39] überraschend ihr verbliebenes Hauptwaffensystem entzogen.

FlakPz 1 Gepard,
Serie 1980

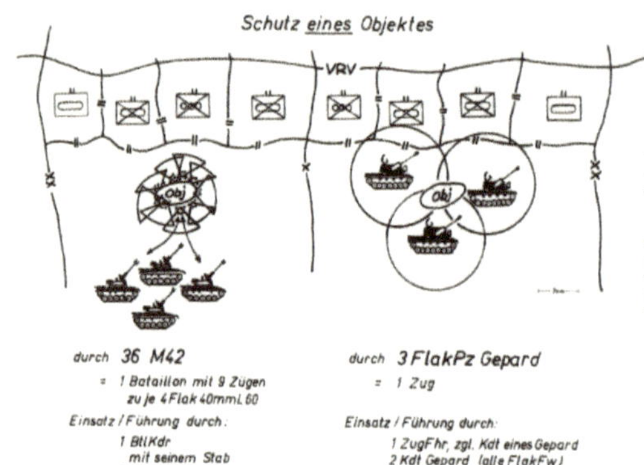

Diese Skizze aus einer amtsinternen Vorlage von 1974 verdeutlicht den Aufwuchs an Kampfkraft der Heeresflugabwehrtruppe durch Einführung des FlakPz Gepard

Gefechtsschiessen in den 1990er Jahren auf dem Schießplatz in Bergen-Hohne

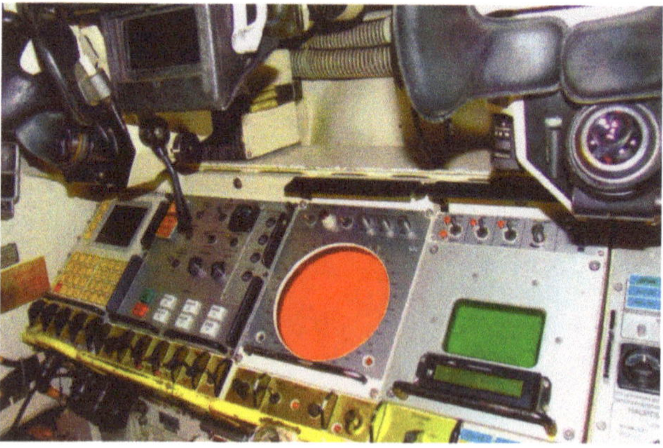

Bedienpult des Kommandanten und des Richtkanoniers im Turm des FlakPz

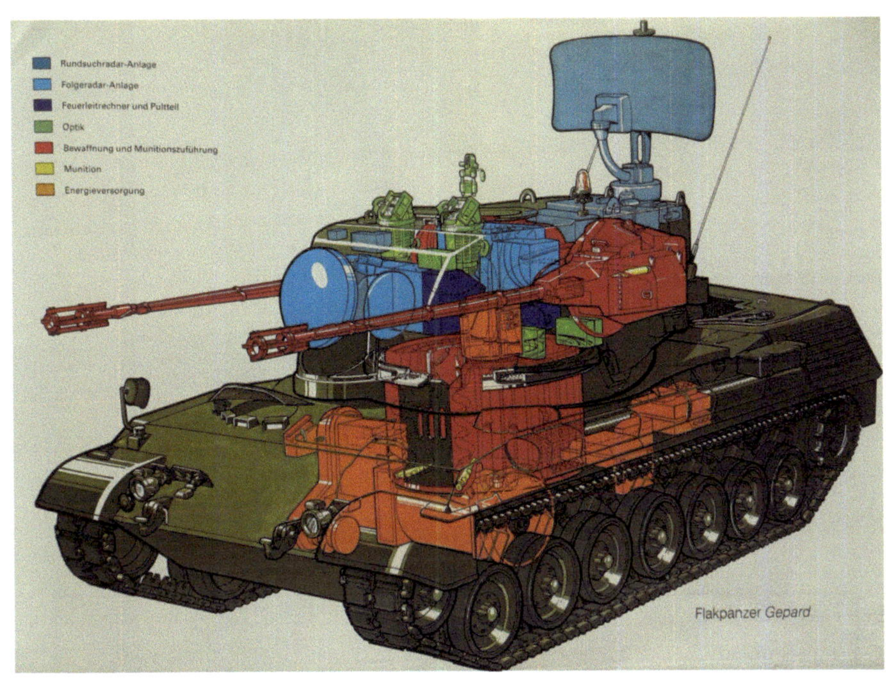

Schnittbild FlakPz 1 (B2), Information Fa. Krauss Maffei 1980

Entwicklungsstufen des FlakPz

Deutschland /Belgien: FlakPz Gepard

A	Prototyp 1. Gen.	SR: X-Band, FR: Frequenz Diversity Ku-Band
B	Prototyp 2. Gen.	SR: S-Band
B1	Vorserie	FR: Pulsdoppler, Conical Scan Ku-Band
B2R	Vorserie	FR: Pulsdoppler, Monopuls Ku-Band
B2	Serie 1. Los	SR: S-Band optimiert
B2L	Serie	mit Laserentfernungsmesser
FlakPz 2		FlakPz kampfwertgesteigert
FlakPz 1A2		B2L nach Nutzungsdauerverlängerung

Niederlande: PRTL Cheetah

C	Prototyp	SR: X-Band, integr. MTI, FR: Pulsdoppler X-Band
CA	Vorserie	SR: modularer Aufbau
CA1	Serie	FR: Pulsdoppler X-Band, Puls Ka-Band
GWI		CA1 nach Nutzungsdauerverlängerung

FlakPz 1A2 beim Schießen auf Flugziele auf dem Schießplatz Todendorf

FlakPz Gepard	**1** (1976-2010)	**1A2** (1997-2012)
Waffenanlage:	Oerlikon KDA Zwillingsmaschinenkanone 35 mm L/90, Gasdrucklader	
Kadenz:	550 Schuss/Waffe/Min.-Feuerstoß max. 20 Schuss	
V_0	1.175 m/s	1.400 m/s
Munition:	35 x 228 mm: 2 x 20 Patronen panzerbrechend	
	2 x 320 Patr.: SprBr	FAPDS
Reichweite:	3.500 m, Höhe 2.000 m	5.000 m, Höhe 2.500 m
Feuerleitanlage:		
Suchradar	2D optimiert S-Band, integriertes IFF	
Reichweite:	15 km	16 km
Folgeradar:	Pulsdoppler, Monopuls Ku-Band	
Reichweite:	15 km	16 km
Laserentf.Messer:	LemDat, 7 Strahl-Verfahren	Anbindung HFlaAFüSys
	optische Zielzuweiser Richtkanonier/Kommandant	
Fahrgestell:	Leopard 1 A4 modifiziert	
Maße:	Länge: 8,15 m (7,68 m Turm nach hinten),	
	Breite: 3,27 m,	
	Höhe: 4,17 m (3,29 m SR abgeklappt)	
Motor:	MTU 10-Zyl., 37,4 l Vielstoff, 610 kW (830 PS),	
Fahrleistung:	550 km (Strasse); max. Geschwindigkeit: 65 kmh	
Gesamtgewicht:	46,3 t	47,5 t
Ausstattung:	Tiefwat-, ABC-Schutz-, Fahrzeugnavigationsanlage,	
Besatzung:	Kommandant, Richtkanonier, Kraftfahrer	

Verbände und Einheiten 1979 - 2007
ausgestattet mit Waffensystemen Roland

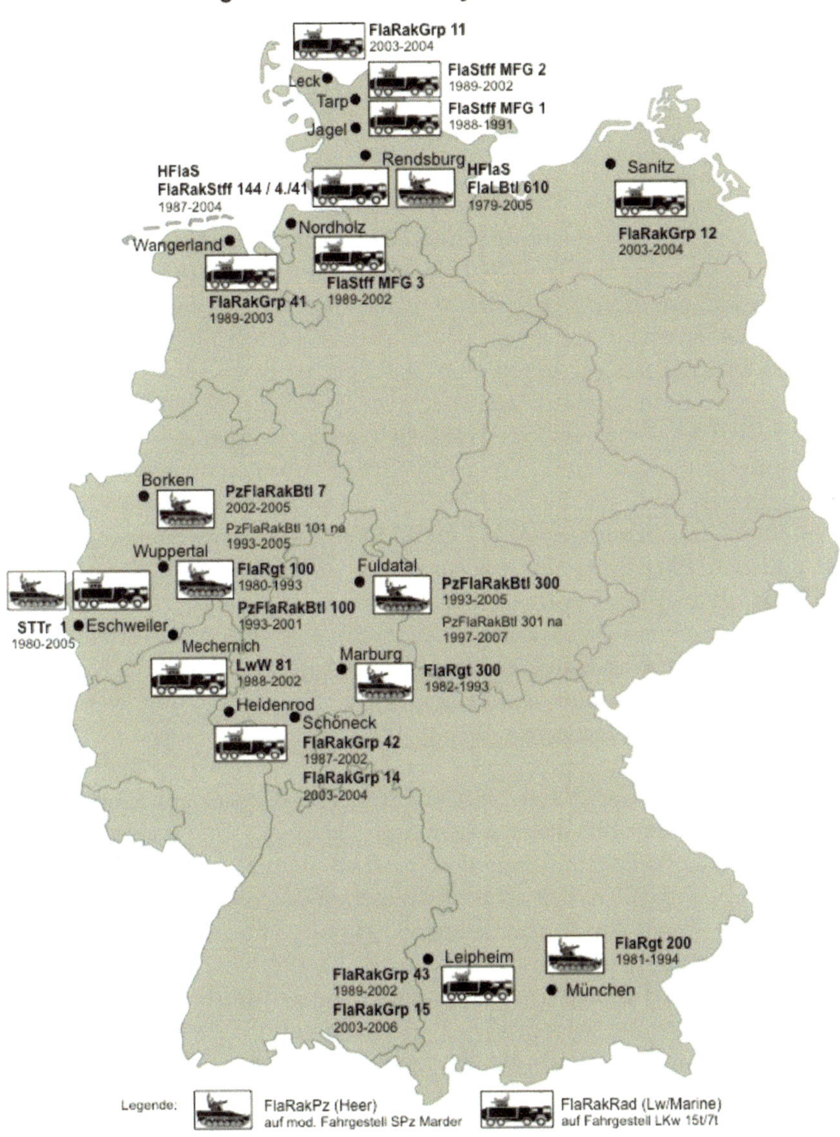

Flugabwehrraketensystem Roland

Die Entwicklung, Einführung und Nutzung des Waffensystems Roland ist seit Anfang der 1960er Jahre bis zum Ende seines Einsatzes in der Truppe in besonderer Weise durch politische Entscheidungen, technische Herausforderungen und fiskalische Zwänge geprägt worden. Gleichwohl ist das System ein herausragendes Beispiel einer gelungenen internationalen Kooperation.

Seit 1960 bestand in der Bundeswehr eine Taktische Forderung für ein Flugabwehrraketensystem zur Bekämpfung schneller Kampfflugzeuge in niedrigen Höhen. Da zu dieser Zeit aber weder in den USA noch in Europa ein einsatzbereites System verfügbar war, kam es als Folge der im „Elysée-Vertrag " 1963 vereinbarten militärischen Zusammenarbeit zu einer deutsch-französischen Kooperation zur Entwicklung eines Systems, das auf einem französischen, als Prototyp bereits erprobten und auf einem ersten deutschen Flugkörper[40] basierte. Entsprechend dem jeweiligen nationalen Bedarf konzentrierte sich Frankreich dabei zunächst auf die Entwicklung eines Klarwettersystems, während Deutschland eine Allwetterversion sowohl für den mobilen Einsatz als auch für den Objektschutz anstrebte. Die 1964 und in den Folgejahren geschlossenen bilateralen Abkommen[41] legten die Klarwetterversion der Waffenanlage und den Flugkörper als Ausgangsbasis „Roland I" fest, die mit den Komponenten für den Allwettereinsatz zum „Roland II" nachgerüstet werden konnten. Bis zur Serienreifmachung wurde auch Frankreich von den Vorteilen der Allwetterversion überzeugt. Gleichwohl erwiesen sich in beiden Ländern die Entwicklungsarbeiten als zeitraubender und kostenaufwändiger als geplant und wurden in Deutschland politisch kritisch bewertet. Schließlich machte Verteidigungsminister Helmut Schmidt im Juli 1971 die Fortführung der Arbeiten von der Beteiligung eines weiteren NATO-Partners abhängig. Die USA, die dringend nach einem Schutz ihrer europäischen Basen suchten, entschieden sich nach mehreren Präsentationen und Vergleichserprobungen für eine Einführung des Roland-Systems[42]. Die Beteiligung der USA begründete in der folgenden Zeit zwar unangenehme Verzögerungen, aber auch langfristig wesentliche technische Verbesserungen und die Integration zusätzlicher Funktionen, die insbesondere die Festigkeit gegen elektronische Störmaßnahmen deutlich verbesserten. Parallel zu den trilateralen Entwicklungen wurde in Deutschland die Einführung des Roland Systems in gemeinsamen Arbeitsgruppen der Heeresflugabwehrtruppe und der Luftwaffe vorbereitet, insbesondere um die Ausbildung, das Schießen und die Logistik möglichst weitgehend zu vereinheitlichen. Mitte 1978 konnte der erste FlaRakPz der Vorserie auf einem modifizierten Fahrgestell des SPz Marder für Erprobungen und Truppenversuche übernommen werden. Zeitgleich wurde das Konzept der Roland-Version FlaRakRad mit Shelter-verlasteter Waffenanlage auf einem Lkw-Fahrgestell für Luftwaffe und Marine gebilligt.

Nachdem Deutschland und Frankreich mit hohem personellen und finanziellen Engagement das US Programm und die damit verbundene „industrielle technische Zweibahnstraße" aufgebaut hatten, kam es durch eine Prioritätsentscheidung des BMVg im Februar 1981 zu einer folgenschweren Krise: Nach einer Klausurtagung über Haushaltsverpflichtungen durch die Tornado Beschaffung musste auf die Einführung der Roland Systeme in die Luftwaffe und Marine verzichtet werden. Dieser Verzicht entblößte nicht nur die gefährdeten Flugplätze von dem geplanten wirksamen Schutz, sondern belastete auch die Zusammenarbeit mit Frankreich und insbesondere die USA. Die U.S. Army reagierte ihrerseits durch Einfrieren des US-Roland Programms[43]. Der Druck, einen wirksamen Flugabwehrschutz für die deutschen und amerikanischen Basen in Deutschland zu realisieren, führte indes 1982 zu der deutschen Initiative, mit den USA ein Abkommen über die „Kooperative Luftverteidigung in Europa" zu vereinbaren, das als „Roland/PATRIOT-Abkommen"[48] bekannt wurde. Mit diesem Vertrag wurden gleichzeitig mehrere Ziele erreicht: Die Luftraumverteidigung wurde als NATO-Aufgabe dem Waffensystem PATRIOT zugewiesen, die Ausstattung der Luftwaffe und Marine mit Waffensystemen Roland realisiert und so der Objektschutz aller Flugplätze in Deutschland mit dem System Roland vereinheitlicht.

Der Zulauf von insgesamt 140 FlaRakPz der Serie in die drei Regimenter der Korpstruppen und das FlaLehr-Bataillon war ab Juni 1981 erfolgt. Der Einsatz der Waffensysteme erfolgte im Rahmen der jeweiligen Korpsplanungen, des regulären Ausbildungs- und Übungsbetriebs und bei den jährlichen Schießübungen in Frankreich oder auf Kreta. Ab September 1987 übernahm die Luftwaffe 95 FlaRakRad auf Lkw 15 t mil gl und die Marine 20 Waffenanlagen; ab 1988 wurden die FlaRakRad-Staffeln entsprechend dem Abkommen mit den USA mit 21 Fla-Gefechtsständen FGR mit integriertem C-Band-Radar ausgestattet. Die Staffeln übten an ihren zugewiesenen Schutzobjekten, wurden in die Taktischen Überprüfungen der fliegenden Verbände eingebunden und absolvierten die Jahresschießen auf Kreta. Ein erster Auslandseinsatz[44] mit FlaRakRad Anfang 1991 führte u.a. zu der dringlichen Forderung nach einer Shelter Version FlaRakRad, die mit den vorhandenen Transportflugzeugen der Luftwaffe, Transall C-160, rasch verlegbar sein sollte. Dies führte 1994 zur Vorstellung des FlaRakRad Roland lvb auf Lkw 7t mil gl; die Umrüstung von 10 FRR in FRR lvb[45] erfolgte 1998/1999. Sie waren in der Truppe die modernste Systemausführung.

Mit Beginn der Auslieferung der Waffenanlagen Roland waren bereits erste Überlegungen und Studien zur Verbesserung der Systeme eingeleitet und während der Kooperation mit den USA intensiviert worden. Viele Verbesserungen an Komponenten konnten bereits in die laufende Serienfertigung einfließen oder wurden als Pakete in die ausgelieferten Waffenanlagen nachgerüstet. Wesentliche, grundlegende

Verbesserungen führten 1986 zur bilateralen Forderung und ab 1990 zur Entwicklung einer Kampfwertsteigerung (KWS Roland III), mit der das Waffensystem Roland in allen Versionen bis über 2020 bedrohungsgerecht und einsatzfähig gehalten werden sollte. Innerhalb weniger Jahre und vor allem bei der Aufstellung des Bundeswehrplans 1994 zeigte sich jedoch, dass die technologisch anspruchsvollen Ziele im vorgesehenen Zeitraum und verfügbaren Kostenrahmen nicht realisiert werden konnten und dass daher das KWS-Programm auf eine Nutzungsdauerverlängerung (NDV)[46] reduziert werden musste. Als kurzfristig nutzbares Ergebnis der KWS konnten aber die FlaRak-Staffeln der Luftwaffe mit leistungsgesteigerten Flugkörpern Roland 3 ausgestattet werden.

Insgesamt waren die 1990er und frühen 2000er Jahre in der Bundeswehr von mehreren Reform- und Transformationsphasen geprägt. Die „Erneuerung der Bundeswehr von Grund auf" wirkte sich durch Reduzierungen und Konzentrationen auf alle Teilstreitkräfte aus. Die Flugabwehrkräfte der Luftwaffe wurden neu strukturiert, was für die Roland Systeme die Außerdienststellung ab 2003 bedeutete. Damit waren aber auch die noch nach der Auflösung der Regimenter des Heeres verbliebenen FlaRakPz Roland ohne Nutzungsdauerverlängerung quasi dem Tode geweiht. Das letzte, gekaderte PzFlaRakBtl des Heeres wurde 2007 in Fuldatal aufgelöst.

Die deutschen Roland Versionen bei der Vorbereitung zum Schießen 1998
auf dem Schießplatz NAMFI, Kreta: hintereinander FlaRakPz, FlaRakRad lvb, FlaRakRad

Das konstruktive Prinzip des Systems Roland war bereits bei den ersten Überlegungen zur französischen Klarwetteranlage festgelegt und auch bei allen späteren Modifikationen beibehalten worden: Der Flugkörper wurde als robuste, wartungsfreie und langzeit-lagerungsfähige Munition mit hochwirksamem Gefechtskopf und möglichst einfacher Ausstattung ausgelegt. Die „Intelligenz" des Systems wurde in der Bodenanlage konzentriert, indem die Radarsensorik für die Zielerfassung und Identifizierung, das Visier und Radar zur Zielverfolgung sowie die Vermessung des Flugkörpers über Infrarot-Strecke oder Radar, die Bordlogik, Rechner zur Bildung der Steuerkommandos und die Komponenten für die Datenübertragung zum Flugkörper auf einem Fahrgestell als autarkes System zusammengefasst wurden. Roland war von Anfang an als ergänzendes System der bestehenden Luftverteidigungsraketensysteme und gleichermaßen als System für den Objektschutz und den Schutz mobiler Heeresverbände konzipiert. Daraus leiteten sich die Leistungsdaten der Radargeräte, die Definition der Betriebsarten und Bereitschaftsstufen und die Forderung nach leichter Bedienbarkeit bei minimalem Personaleinsatz ab. Die Zielverfolgung und -bekämpfung konnte wahlweise in Radarbetriebsart durch den Kommandanten oder in optischer Betriebsart durch den Richtschützen erfolgen. Der Flugkörper wurde im Visierlinienverfahren (Command Line of Sight) mit einer störsicheren Datenübertragung ins Ziel gelenkt. Beide Betriebsarten waren vollwertig ausgebildet und erlaubten eine hohe Flexibilität insbesondere bei der Bekämpfung von Mehrfachzielen.

FlaRakPz Roland, Serie 1981

FlaRakRad Roland, Serie 1994

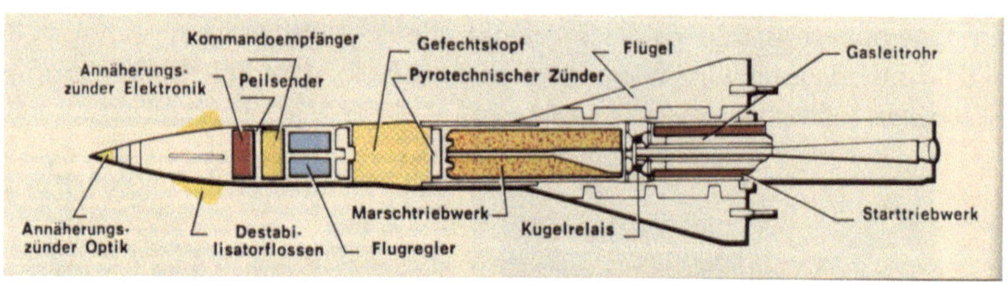

	LFK Roland 2	LFK Roland 3
Durchmesser ohne Startrohr	0,16 m	
Durchmesser mit Startrohr	0,27 m	
Länge LFK	2,40 m	
Länge Startrohr	2,59 m	2,60 m
Gewicht LFK ohne Startrohr	65 kg	77 kg
Gewicht LFK mit Startrohr	86 kg	98 kg
Geschwindigkeit (konstant)	500 m/s	675 m/s
Reichweite	6.000 m	8.000 m
Manövrierbarkeit	15 g	20 g
Gefechtskopf	6 kg	8,9 kg
	hochexplosiver Splittergefechtskopf mit ca. 60 Hohlladungskalotten	
Gewicht Transport-/Lagerbehälter	63 kg	

FlaRakPz beim Jahresschießen
im Centre d'Essais de Méditerrannée (CEM) auf der Ile du Levant 1984

Einsatz der PzFlaRak-Gruppe mit Nahsicherung und Gruppenfahrzeug

PzFlaRak-Gruppe
Roland:
Wechselbesatzung mit
Gruppenfahrzeug und
Ausrüstung

	FlaRakPz	FlaRakRad	FlaRakRad lvb
Suchradar:	2 Kanal L-Band Pulsdoppler, 60 Frequenzen, 1 U/s		
	IFF integriert mit Abfragegerät und KIR-Rechner		
Folge-/Lenkradar:	2 Kanal Ku-Band Monopuls, 3 Frequenzen		
	IR-Goniometer		
Kommandosendeanlage:	Kommandorechner, Kommandosender mit autom. Codierung und		
	Frequenzwahl		
Radarreichweiten:	16 km		
Wirkungsbereich Waffe:	0,5 – 6 km	0,5 – 6 / 8 km	0,5 – 6 / 8 km
		Höhe: 5 km	
Optronik:	Visiereinrichtung mit IR-Goniometer und Visierelektronik		
	(Betriebsart optisch, Klarwetter-Mode)		
Munition:	2 LFK feuerbereit an Werfern, LFK Vorrat: 2 x 4 LFK		
	Trommelmagazine		Stangenmagazine
Fahrgestell:	SPz Marder	Lkw 15 t mil gl	Lkw 7 t mil gl
Maße: Länge	7,13 m	9,85 m	9,50 m
Breite 3,25 m	2,90 m	2,50 m	
Höhe (Marsch)	2,92 m	3,95 m	3,98 m
Höhe (Bekämpf.)	4,63 m	5,70 m	5,75 m
Gewicht SARO		11,57	10,5 t
Gesamtgewicht	35 t	27,3 t	23,3 t
Motor:	600 PS (17PS/t)	360 PS (13,2 PS/t)	320 PS (13,7 PS/t)
Tankinhalt:	650 l	400 l	400 l
Reichweite:	500 km	800 km	800 km
Höchstgeschwindigkeit:	70 km/h	86 km/h	90 km/h
Energieversorgung:	EVA 52 PS - 25 kVA 3x380 V/50 Hz		
Ausstattung:	2 Funk-Gerätesätze SEM 80/90		
	Nebelmittelwurfanlage		
	ABC-Anlage		
	Klimaanlage		
	Fahrzeugnavigationsanlage FNA/FOA		
	Kdt-Sichtmittel		Solarpanel
	Wateinrichtung		GPS-Ausstattung

Die Werkstattausstattung MES 2 mit WSA-Sheltern, Paletten, Prüfgerät
und Instandsetzungszelt sowie ein Munitionstransporter Lkw 15 t gl 8x8,
Aufstellung bei der Übergabe der FlaRakRad im September 1987

Die Komplexität des Systems erforderte eine leistungsfähige logistische Unterstützung, die sich in einer umfangreichen Ausstattung der Truppenteile mit Meß- und Prüfmitteln und Werkstattausstattungen darstellte. Während die Besatzung der FlaRakPz und FlaRakRad die Funktion der Waffenanlage mit dem integrierten Prüfsystem überwachten und prüften, führten die Soldaten der Instandsetzungstrupps die Baugruppeninstandsetzung mit spezialisierten, verlegefähigen, in Sheltern und auf Paletten verlasteten Werkstattausstattungen für die Bereiche Elektronik, Waffenmechanik, Hydraulik und Elektrik durch.

Die Ausbildung sowohl der Waffensystembesatzungen als auch der Instandsetzungssoldaten wurde zum überwiegenden Teil in allen Phasen mit Hilfe systemspezifischer Simulatoren durchgeführt. Dadurch wurde nicht nur die Umwelt geschont und die Belastung der Waffenanlagen reduziert, sondern es konnten auch Tätigkeiten und Abläufe gelehrt und geübt werden, die real nicht darstellbar waren. Die Besatzungen konnten Bedienungsabläufe im Übungskampfraum drillmäßig üben und vom Flugzielsimulator generierte Flugziele auch unter Störbedingungen bekämpfen. Die Instandsetzungssoldaten konnten mit Hilfe der Ausbildungsausstattungen an Originalbaugruppen systematisch und gemeinschaftlich in der Erkennung von Fehlern und ihrer Beseitigung geschult werden, wie es an den Waffenanlagen nicht möglich gewesen wäre.

Übungskampfraum mit den Kabinen der Nachbildungen des Kommandantenplatzes und des Richtschützen und rechts der in einer Lärmschutzkabine installierte Flugzielsimulator

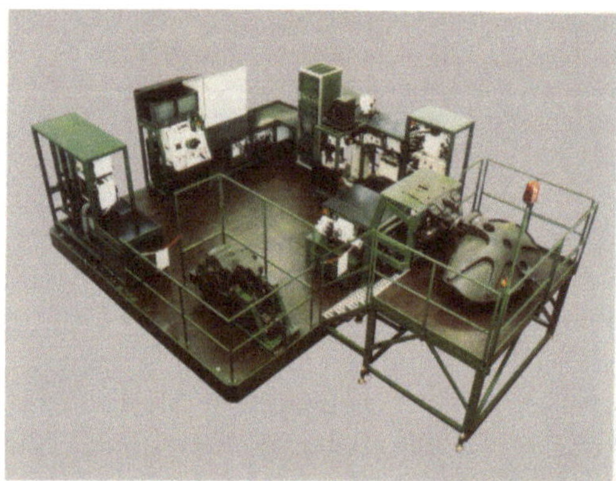

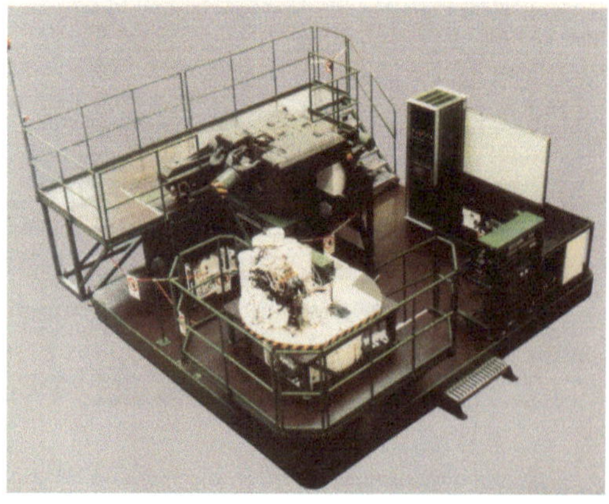

Die Ausbildungsausstattungen Instandsetzung (AAI):
oben das Übungsgestell Elektronik mit Originalbaugruppen des Suchradars, des Folgeradars und des Kommandosenders, untens das Übungsgestell Waffenmechanik, Hydraulik, Elektrik mit einem Werfer und den auf der Grundplatte des Turms installierten Hydraulikbaugruppen

FlaRakRad lvb bei der Erprobung in Frankreich, 1996

Flugabwehrgefechtsstand Roland (FGR)

Der Flugabwehrgefechtsstand Roland (FGR)[47] gewährleistet die zentrale Kampfführung von bis zu 10 Waffensystemen FlaRakRad sowie weiterer angeschlossener
Flugabwehrwaffen und ist die Schnittstelle zum Schutzobjekt oder zu weiteren
Führungsstellen. Der FGR ist ein autonomes System mit den in einer Kabine untergebrachten Komponenten, dem Rundsuchradar mit Antenne und Energieversorgung,
verlastet auf einem Lkw 15 t mil gl. Das TRM-L Radar ist mit seinen Leistungsdaten
für den Roland-Verbund und die Erfassung niedrig fliegender Ziele optimiert. Dabei
verfügt es über eine gute Festzeichenunterdrückung und ist resistent gegen elektronische Störmaßnahmen. Die erfassten Flugziele und werden automatisch identifiziert,
nach Art (Starr- oder Drehflügler) und Radarrückstrahlquerschnitt klassifiziert und
unter Auswertung der Sensordaten anderer Systeme zu einer örtlichen Luftlage
zusammengefasst.

Radargerät TRM-L	C-Band Radar mit kohärentem Sender, MTD-Signalverarbeitung, 2D-Reflektor
Erfassungsbereich:	60 km ; Höhe 6 km
Datenerneuerung:	2 s (4 s)
Zielspuren:	127, davon 50 geführt
Antennenhöhe:	13 m
Aufbauzeit:	< 15 Min. durch 3 Soldaten
Aufbaufläche:	8 m x 5 m
Max. Windlast:	100 km/h (ausgeschaltet 150 km/h)
Energieversorgung:	SEA 240/416 V, 400 Hz, 24 V Gs / 38 KVA
Träger:	Lkw 15 t mil gl 8x8 MAN
Leistung:	360 PS
Fahrbereich:	800 km
Länge:	11,3 m
Breite:	2,90 m
Höhe:	3,96 m (Fahrstellung)
Gewicht (ohne Lkw):	13,5 t
Gesamtgewicht:	28,5 t

Flugabwehrgefechtsstand FGR in Fahrstellung

Die Flugabwehrkräfte im Umbruch (1987 – 2012)

Der Zeitraum zwischen 1970 und 1980 war durch eine erhebliche Verstärkung des fliegenden Offensivpotenzials des Warschauer Paktes geprägt. Zunächst konnten durch Programme zur Kampfwertsteigerung der FlaRak-Systeme Nike-Hercules und HAWK die größten Defizite aufgefangen werden, der Schutz ortsfester Anlagen, von Flugplätzen, Führungszentren und Nuklearwaffenlagern sowie der Eigenschutz der Flugabwehrraketenstellungen blieb jedoch unzureichend. Dazu kam die Notwendigkeit, für das System Nike-Hercules ein Nachfolgesystem auszuwählen und konzeptgerecht zu stationieren. Während der Nahbereichsschutz durch die Ausstattung der Luftwaffe mit Flugabwehrkanonen 20 mm Zwilling behelfsmäßig verbessert werden konnte, lief parallel zur Denuklearisierung und Außerdienststellung des Waffensystems Nike-Hercules die Planung für die Beschaffung des US-Systems SAM-D, das ab 1976 bei der US-Army unter dem Namen PATRIOT geführt wurde und nach 45 erfolgreichen Testschießen eingeführt wurde.

Ein wesentliches Merkmal der in den 1980er Jahren laufenden operativen Planungen war es, den bisherigen FlaRak-Einsatz in voneinander getrennten Gürteln durch zusammengefasste Einsatzzonen von PATRIOT und HAWK Systemen zu flexibilisieren und in den Wirkungsbereichen stärker zu überlappen.

In diesen sogenannten Clustern sollten sich die Systeme in ihrer Detektionsleistung, Feuerkraft und Beweglichkeit ergänzen. Außerdem konnte das speziell für den Nahbereichs- bzw. Objektschutzschutz ausgelegte Flugabwehrraketensystem Roland Rad ab 1988 zur Schließung von Erfassungslücken und zum Eigenschutz der schweren FlaRak-Systeme in die Cluster taktisch voll integriert werden. Zur gemeinsamen Einsatzführung bei Zielauswahl und Zielbekämpfung sowie für die taktisch optimierte Einsatzplanung bei Verlegungen und Stellungsauswahl wurden leistungsstarke, DV-gestützte Gefechtsstände SAMOC (Surface to Air Missile Operations Center) entwickelt und erfolgreich, allerdings mit einiger zeitlicher Verzögerung, auf Regimentsebene eingeführt.

Es waren im Wesentlichen Zwänge im Verteidigungshaushalt und nach einer Rüstungsklausur der Leitung des Bundesministeriums 1981 verfügte politische Vorgaben, die die Umsetzung dieser Planungen erheblich verzögerten. Erst in Folge des 1983 mit den USA vereinbarten „Abkommens über Maßnahmen zur Stärkung der Luftverteidigung in Mitteleuropa", kurz „Roland-PATRIOT Abkommen"[48], ließen sich die bestehenden Planungen zur Modernisierung der bodengebunden Luftverteidigung der Luftwaffe über den Zeitraum von mehr als 10 Jahren realisieren[49]. Dabei begann bereits 1984 die Außerdienststellung des Waffensystems Nike. Sie wurde 1989, ein Jahr bevor der erste PATRIOT-Verband 1990 der NATO unterstellt werden konnte, abgeschlossen.

Diese Veränderungen waren jedoch alle von minderer Bedeutung gegenüber der Zäsur in Entwicklung, Struktur und Kampfkraft der Flugabwehr und Luftverteidigung in Mitteleuropa bzw. Deutschland, die sich 1990 aus der Überwindung der deutschen Teilung und dem Ende der bisherigen Ost-West-Konfrontation ergab.

Die Auflösung der Nationalen Volksarmee der DDR hatte für die Flugabwehr- und die Luftverteidigungskräfte der Bundeswehr tiefgreifende Auswirkungen. Zudem bewirkte die „Wende" eine grundlegende Neuorientierung im sicherheitspolitischen Denken und damit nachhaltige Veränderungen beim militärischen Engagement Deutschlands. Ausdruck dieses Wandels ist die Entwicklung der Bundeswehr von der „Armee der Einheit" zur „Armee im Einsatz". Damit einher gingen innerhalb weniger Jahre umfangreiche Anpassungen an neue Aufgaben, die sich in Strukturveränderungen, Umverteilung von Kräften und vor allem in Kräftereduzierungen auswirkten.

Im Heer wurde die Zahl der Großverbände reduziert, was ab 1992 zur Auflösung von fünf PzFlak-Regimentern und einem PzFlaRak-Regiment führte und die Truppengattung auf ca. 63 % ihrer bisherigen Stärke verkleinerte. Die Raketenflugabwehr des Heeres wurde auf Divisionsebene konzentriert, die Flugabwehrkommandos bei den Korps wurden aufgelöst und die verbliebenen L70-Bataillone ausser Dienst gestellt.

Die bodengebundenen Luftverteidigungskräfte der Luftwaffe erlebten in gleicher Weise eine ähnlich radikale Anpassung. Einerseits wurde im Rahmen der „Armee der Einheit" das Flugabwehrraketensystem S 200 Wega der NVA/LSK-LV übernommen und übergangsweise in den FlaRak-Geschwadern 51 und 52 in Dienst gehalten. Andererseits wurden die FlaRak-Gürtel der NATINAD aufgegeben und die Verbände von der 24-Stunden-Bereitschaft und dem Schichtdienst entbunden. Stattdessen beschränkte man sich auf die Fähigkeit zur Bildung lageabhängiger Einsatzzonen, in denen der gemischte Einsatz von HAWK-, PATRIOT- und Roland-Systemen vorgesehen war. Im Schwerpunkt verlagerten sich die Planungen auf mögliche, aber damals für nicht wahrscheinlich gehaltene Einsätze zur Bündnisverteidigung außerhalb Deutschlands. Noch stärker rückten Einsätze zur Konfliktverhütung und Krisenbewältigung außerhalb des Bündnisgebiets in den Fokus der operativen Überlegungen. Die Zuordnung der Kräfte von Heer und Luftwaffe in Krisenreaktions- und Hauptverteidigungskräfte (KRK und HVK)[50] war ein markantes Kennzeichen dieser Neuausrichtung.

Mit diesem militärstrategischen Ansatz ging die fortwährende Weiterentwicklung der Strukturen und die Anpassung der Kräfte einher, wobei oftmals weniger militärische Erwägungen als vielmehr der deutliche Zwang zu Haushaltseinsparungen bestimmend war. Infolge dieser Lageentwicklung waren die Außerdienststellung der Waffensysteme HAWK und Roland Rad ab 2003 und des FlaRakPz Roland im Heer ab 2004 nur die ersten weiteren unvermeidbaren Eingriffe in Struktur und Kampfkraft der bodengebunden Luftverteidigungskräfte. Es folgten die schrittweise Reduzierung der FlaRak-Gruppen PATRIOT mit der Aufgabe weiterer Standorte und eine vermehrte Befassung mit der Abwehr von Angriffen taktischer-ballistischer Flugkörper, was die Erarbeitung eines neuen Konzeptes unter dem Begriff „Erweiterte Luftverteidigung" bedingte. Zudem wurde der Bestand an Flugkörpern ebenso wie die Waffensystemrechner der verbliebenen PATRIOT-Kräfte modernisiert, damit die Abwehrleistung des Waffensystems gegen Raketen im unteren Mittelstreckenbereich verbessert werden konnte.

Die Heeresflugabwehrtruppe sollte durch die schnelle Einführung eines neu entwickelten Leichten Flugabwehrsystems einen Teil ihrer erlittenen Fähigkeitsverluste kompensieren. Diese bemerkenswerte Anstrengung hatte letztlich jedoch keinen bleibenden Erfolg.

Durch eine weitere Anpassung der Bundeswehrstruktur wurden den Teilstreitkräften sogenannte Pilotaufgaben zur alleinigen Wahrnehmung zugewiesen. So war die vollständige Außerdienststellung der Heeresflugabwehrtruppe eine schwerwiegende, bittere Konsequenz. Die Truppengattung wurde am 12. März 2012 auf dem Flugabwehrschießplatz Todendorf durch den Inspekteur des Heeres in einem feierlichen Appell außer Dienst gestellt. Seither ist die Luftwaffe für den Schutz gegen Bedrohungen aus der Luft allein zuständig. Ihr obliegt es, Angriffe durch taktisch-ballistische Flugkörper, Starr- und Drehflügler, unbemannte Flugziele sowie Artillerie- und Mörsergeschosse im Nächstbereich sowohl im Raum- und Objektschutz als auch in beweglich geführten Landoperationen zu bekämpfen. Dieses breitgefächerte Aufgabenpaket stellt nach den bisherigen Erfahrungen in verschiedenen Einsätzen zur Krisenbewältigung bzw. zum Schutz des NATO-Bündnisgebietes eine offensichtliche Überdehnung der verfügbaren Kräfte dar. Es ist kaum vermeidbar, dass der Auftrag zum Schutz eingesetzter Truppenteile gegenüber den heute bestehenden mannigfachen Bedrohungen aus der Luft vernachlässigt ist. Inzwischen ist unbestritten, dass die aktuell vorhandenen Kräfte – Flugabwehrraketengeschwader 1 mit den PATRIOT-FlaRakGrp 21, 24 und 26 sowie der FlaRakGrp 61, ausgestattet mit LeFlaSys und MANTIS, – dieses breite Anforderungsspektrum vor allem bei beweglich geführten Operationen der Landstreitkräfte nicht hinreichend erfüllen können.

Mit Blick auf die sicherheitspolitische Entwicklung im Osten Europas und im Nahen Osten ergibt sich somit die Notwendigkeit, Mittel und Zuständigkeiten für die wirksame Abwehr der potenziell vorhandenen Bedrohung aus der Luft grundlegend neu zu überdenken.

Konzept zur Bildung von FlaRak-Clustern 1987 durch
zusammengefasste Einsatzzonen von PATRIOT und HAWK
sowie Roland zur Schließung von Erfassungslücken und zum
Eigenschutz der weitreichenden FlaRak-Systeme

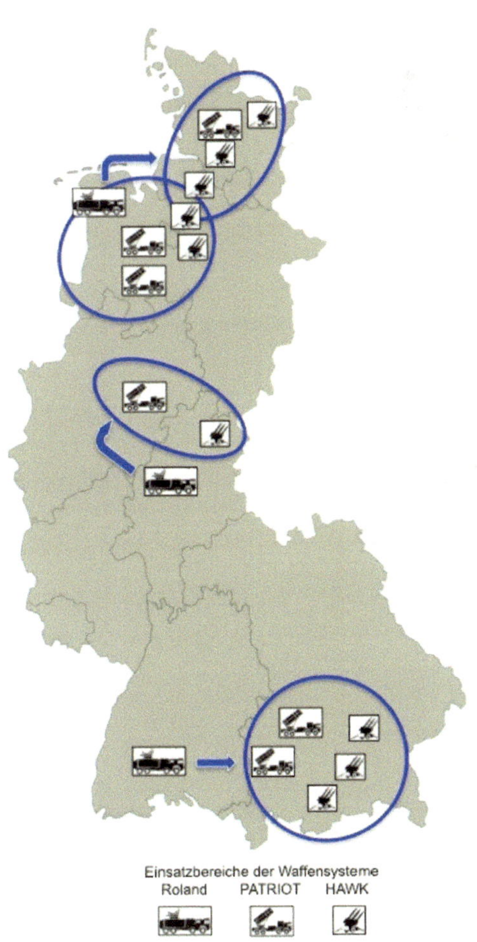

Stationierung der FlaRak-Systeme PATRIOT

Anmerkung: Die kleinen Symbole markieren Stationierungsräume zugeordneter Staffeln.
FlaRakG: Flugabwehr-Raketengeschwader FlaRakGrp: Flugabwehr-Raketengruppe

Flugabwehrraketensystem PATRIOT

Zu Beginn der 1980er Jahre hatte das Raketensystem Nike-Hercules seine Einsatzwirksamkeit gemessen an der Bedrohungslage verloren, weshalb die NATO darauf abzielte, als Nachfolge das in den USA seit 1960 als SAM-D entwickelte System PATRIOT einzusetzen[51]. In Kooperation der US-Firmen Raytheon und Lockheed war das System bis 1979 in mehreren Entwicklungsphasen zur Stationierungsreife gebracht worden und hatte bei zahlreichen Erprobungs- und Schießkampagnen erfolgreich die Leistungsfähigkeit auch gegen Mehrfachangriffe nachgewiesen. Gleichwohl gab es in Deutschland politische Kritik an der Beschaffungsplanung, sodass die Einführung des Systems beträchtlich verzögert wurde. Wegen der sich abzeichnenden Überlastung des Verteidigungshaushalts im Zuge der Beschaffung des Kampfflugzeugs Tornado musste schließlich das Projekt trotz hoher Dringlichkeit aufgrund der obsoleten technischen Auslegung des Systems Nike um mehrere Jahre verschoben und später beim Zulauf der Systeme gestreckt werden. Den ersehnten Durchbruch bei der Beschaffung brachte die als „Roland-PATRIOT-Abkommen" bekannte Vereinbarung vom 6. Dezember 1983[48], die ab 1984 erste Ausbildungen des zukünftigen Personals und ab 1987 die Ausstattung der Verbände ermöglichte. Gleichzeitig wurde in den USA in Huntsville das German PATRIOT Office mit Verbindungsstellen zur US-Army und der Industrie eingerichtet. So konnte sichergestellt werden, dass die Interessen der Luftwaffe bei der Planung und Fortschreibung des Bauzustandes des Waffensystems vertragsgemäß und dauerhaft eingebracht werden konnten. Das Abkommen von 1983 war auch eine Weichenstellung in Hinblick auf die industrielle Fertigung der Systeme, da eine ursprünglich angedachte europäische Lizenzfertigung ausschied. Es wurde vereinbart, dass die die Leistungsdaten des Systems bestimmenden Anteile, das sog. „PATRIOT Peculiar Equipment (PPE)", in US-eigentümlicher Konfiguration übernommen wurden. Das betraf die wesentlichen Großgeräte[52], querschnittliche Komponenten, wie Generatoren und Funkgeräte, wurden hingegen durch nationales Gerät ersetzt. Ebenso wurden alle Großgeräte auf deutsche Fahrzeuge angepasst, sodass das deutsche Waffensystem PATRIOT nun aus den PPE-Elementen, nationalen Querschnittsgeräten und auf deutsche Fahrzeuge angepassten Großgeräte-Containern besteht, wobei die Kongruenz zum US-System erhalten geblieben ist. Als deutscher Generalunternehmer wurde der Siemens-Konzern mit dem Geschäftsbereich Funk- und Radarsysteme beauftragt, unter anderem deutsche UHF- und VHF-Komponenten und das IFF-Gerät Siemens 1990 einzurüsten sowie Unterstützungsleistungen bei der Systemtechnik, der Herstellung der Versorgungsreife und Projektplanung zu leisten. Wesentliche Arbeitspakete waren auch die Beistellung von Führungsfahrzeugen, die Integration des von Dornier entwickelten Teleskop-Antennenmastes mit Siemens-Richtfunkanlagen und die Verlastung der deutschen Stromerzeugeraggregate unterschiedlicher Leistung auf Fahrzeugen und Anhängern.

Im Juni 1989 konnte schließlich der Inspekteur der Luftwaffe in München die ersten „GE PATRIOT" als Waffensystem in deutscher Konfiguration der Truppe übergeben. Das System besteht aus Einzelkomponenten, die zum Zweck einer verbesserten Mobilität in der deutschen Version auf Lkw 15 t 8x8 mil gl oder anderen Lkw Kat. 1 verlastet sind. Die Komponenten sind entweder über Kabelverbindungen (Lichtwellenleiter / Zwei- und Mehrdrahtleitung) und / oder durch VHF-Funk miteinander verbunden.

Das zentrale Element des Systems und der Bodengeräte ist das Multifunktionsradar (Radar Set RS)[53], das als Phased-Array-Radar über eine hohe ECM-Festigkeit und eine extrem schnelle Strahlausrichtung verfügt sowie in seinem Abdeckungsbereich von 120°/90° eine sehr genaue Entfernungs- und Winkelbestimmung erlaubt. Mit dem Radar erfolgt die Erfassung, Identifizierung und Bekämpfung der Luftziele. Zugleich werden Datenlinks zu den bis zu neun abgefeuerten Lenkflugkörpern aufgebaut, die in ihrer finalen Abfangphase durch ein TVM-Verfahren[54] gesteuert werden. Für die verschiedenen Funktionen befinden sich am unteren Teil des Antennenträgers mehrere kleinere Zusatzantennen sowie Module zur Nebenkeulenunterdrückung und Verringerung und Ausblendung gegnerischer Störmaßnahmen. Die Radaranlage ist unbemannt und wird vom Feuerleitstand (Engagement Control Station ECS) aus durch drei Soldaten, dem Feuerleitoffizier (Tactical Control Officer TCO) und dem Feuerleitassistenten (Tactical Control Assistant TCA) bedient; ein weiterer Soldat ist für die Kommunikation verantwortlich. Die taktischen Entscheidungen werden in der zentralen übergeordneten Feuerleitkabine (Information Coordination Central ICC) vom Tactical Director (TD) und dem Tactical Director Assistant (TDA) auf Gruppenebene getroffen und an die angeschlossenen Feuerleitstände als Anweisungen und Befehle weitergegeben. Die Feuerleitkabine ist mit umfangreichen Kommunikationseinrichtungen ausgestattet, die es ermöglichen, dass mit zahlreichen anderen Waffensystemen, Aufklärungs- und Führungsplattformen kooperiert werden kann. Die Antennenmastanlage (AMA, Antenna Mast Group AMG) verbindet mit hoher Redundanz und Störfestigkeit mehrere PATRIOT-Einheiten über bis zu vier Richtfunkstrecken von bis zu 50 km.

Der Start der Lenkflugkörper erfolgt durch das Startgerät (Launching Station (LS) M-901), das vier Container mit je einem Flugkörper PAC-1/-2 oder zwei mit je vier des Typs PAC-3[55] aufnehmen kann. Das Startgerät auf Lkw 15 t 8x8 mil gl verfügt über einen Systemrahmen mit Nivelliereinrichtung, mit der bei unebenem Gelände Längs- und Querneigungen ausgeglichen werden können. Für die Feuerbereitschaft der Lenkflugkörper wird die Startgeräte-Plattform mit den LFK-Containern in einem Winkel von 38° aufgerichtet und seitlich bis +/- 110° ausgerichtet. In der

128

Regel sind acht Startgeräte einer Feuereinheit zugeordnet und je nach befohlener Funkregelung (EMCON Status) über VHF-Datenfunk oder über Lichtwellenleiter mit dem Feuerleitstand verbunden.

Zum System PATRIOT gehören weitere Kabinen als Gefechtsstand der Staffelführung (CP), für das Wartungs- und Instandsetzungspersonal sowie für das Fernmelde- und Erkundungspersonal.

Die Stromversorgung des Radar Sets RS und des Feuerleitstandes ECS erfolgt durch zwei auf Lkw 7 t verlastete Generatoren SEA, Electric Power Plant (EPP) mit je 150 kW Leistung, die der Feuerleitkabine ICC durch zwei kleinere SEA Electric Power Unit (EPU) mit je 30 kW Leistung.

Multifunktionsradar (Radar Set RS) auf Lkw 15 t 8x8 mil gl

PATRIOT Peculiar Equipment (PPE)

Multifunktionsradar Radar Set MPQ-53 / MPQ-65

Typ:	Phased-Array; 5161 Phasenschieber
Frequenzbereich:	4 – 8 GHz (C/G/H-Band)
Pulsdauer:	0,4 – 50 µs
Pulsleistung:	10 kW
Hauptantenne:	$\varnothing$ 2,44 m
Zusatzantennen:	IFF, TVM, ECM
Öffnungswinkel:	horizontal 120°
Kampfentfernung:	3 – 170 km (angezeigt)
Kapazität:	Erfassung/Verfolgung von 90-125 Zielen, gleichzeitig Verfolgung/Lenkung von max. 9 LFK finale Abfangphase LFK: TVM
Zusatzfunktionen:	IFF 1030/1090 MHz ARM-Selbstschutzausstattung
Trägerfahrzeug:	Lkw 15 t 8x8 mil gl Kat.1 BR A1 Motor 8 Zyl. Diesel 360 PS

Feuerleitstand Engagement Control Station ECS AN/MSQ-104

Führungsebene:	Feuereinheit
Besatzung:	3 Soldaten: TCO, TCA, *Funker*
Ausstattung:	ABC-Schutz, HF-Schutz, Klimaanlage
Trägerfahrzeug:	Lkw 7 t 6x6 mil gl Kat.1 A1, Motor Diesel 320 PS
Stromversorgung:	von EEP mit SEA 150 kW

Feuerleitkabine Information Coordination Central ICC

Führungsebene:	Bataillon Führung von max. 6 ECS
Besatzung:	*3* Soldaten: TD, TDA
Ausstattung:	ABC-Schutz, HF-Schutz, Klimaanlage
Trägerfahrzeug:	Lkw 7 t 6x6 mil gl Kat.1 A1, Motor Diesel 320 PS
Stromversorgung:	von EPU mit SEA 30 kW

Startgerät Launching Station LS M-901

Startgerät:	4 Container mit je 1 LFK PAC1/2 oder max. 16 LFK PAC 3
Stromversorgung:	SEA 15 kW/400 Hz, max. 52A/Phase
Trägerfahrzeug:	Lkw 15 t 8x8 mil gl Kat.1 BR A1 Motor 8 Zyl. Diesel 360 PS

oben: Arbeitsplätze des Feuerleitoffiziers und seines
Assistenten (TCO/TCA)
im Feuerleitstand ES

links: Antennenmastanlage AMA
auf Lkw 7 t 6x6 mil gl

unten: Startgerät LS
auf Lkw 15 t 8x8 mil gl

Instellunggehen des Startgeräts LS und Nivellieren in Längs-und Querrichtung

Startgeräte LS auf dem Schießplatz NAMFI auf Kreta mit 38° aufgerichteten Startbehältern

Lenkflugkörper PATRIOT

Seit Entwicklungsbeginn 1964 durchlief das PATRIOT-System mehrere Verbesserungsprogramme, die sowohl mit Software-Verbesserungen das Multifunktionsradar betrafen als auch die Leistungen des Flugkörpers steigerten. So betraf das erste „PATRIOT Advanced Capability"-Upgrade PAC-1 das Radar AN/MPQ-53, der Flugkörper blieb unverändert.

Die Lenkflugkörper befinden sich in hermetisch verschlossenen Lager- und Transportbehältern mit quadratischem Querschnitt, die auch als Abschussbehälter dienen und dazu an den Enden mit durchstoßbaren Membranen versehen sind. Die PAC-1 und PAC-2 Flugkörper haben eine zylindrische, flügellose Zelle mit vier Steuerflächen am Heck. Die PAC-3 Flugkörper sind bei kleinerem Durchmesser ebenso zylindrisch, verfügen aber über 4 zusätzliche mittige Flügel. Die PAC-2 Kampfwertsteigerung umfasste neben weiteren Software-Verbesserungen Überarbeitungen des Annäherungszünders und des Gefechtskopfes, wodurch die Bekämpfung taktisch-ballistischer Flugkörper wirksamer wurde. Ein neuer Treibstoff und eine optimierte Flugsteuerung führten zu einer deutlichen Reichweitensteigerung. Die seit Anfang der 2000er Jahre eingeführte Kampfwertsteigerung PAC-3 hatte besonders eine effektivere Bekämpfung von Raketen mittlerer Reichweite zum Ziel. Dazu wurde die Treffgenauigkeit durch Einführung von Schubdüsen in der Mitte des Flugkörpers und eines aktiven Puls-Doppler-Radarsuchers erhöht. Angestrebt wird die Zerstörung des Ziels durch Direkttreffer, wenigstens durch Auslösung des Splittergefechtskopfs durch den Annäherungszünder. Seit Einführung PAC-3 sind ständig weitere Konfigurationsänderungen am Flugkörper und am Bodengerät realisiert worden. Dadurch wurde das Radargerät zum AN/MPQ-65 aufgerüstet und der Flugkörper durch einen stärkeren Raketenmotor, Verbesserung der Flugeigenschaften und Manövrierbarkeit sowie der Reichweite auf das gesamte aktuelle und zukünftige Zielspektrum optimiert.

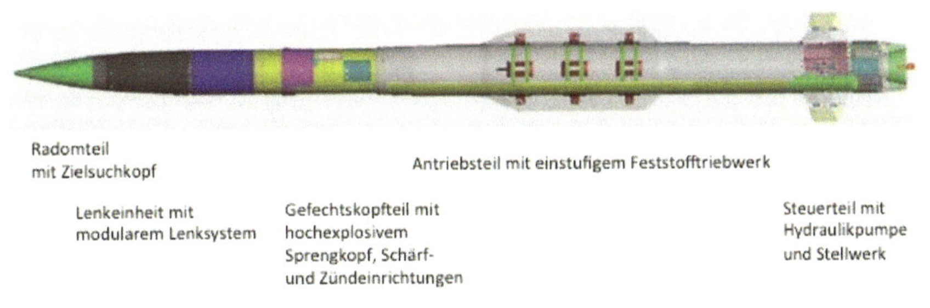

Prinzipieller Aufbau des Flugkörpers PAC-3

	PAC-1 Standard	PAC-2 ATBGM/GEM Typ A/B	PAC-3 (ERINT) Typ C/D
Länge:		5,31 m	5,20 m
Durchmesser:		0,41 m	0,26 m
Spannweite:		0,87 m	0,48 m
Gewicht:	907 kg	900 kg	315 kg
Geschwindigkeit:	Mach 3	Mach 4,1	
Reichweite:	70 km	160 km	15-45 km
Höhe	24.200 m	ca. 15.000 m	
Manövrierbarkeit:	40 G		
Gefechtskopf:	hochexplosiver Splittergefechtskopf		zus. 2 Sprengringe
	90 kg	84/91 kg	73 kg
Splittergewicht:	2 g	45 g	

PATRIOT Lenkflugkörper PAC-2 beim Abschuss

Stationierung der leichten Fla-Systeme
mit Waffenträger Ozelot

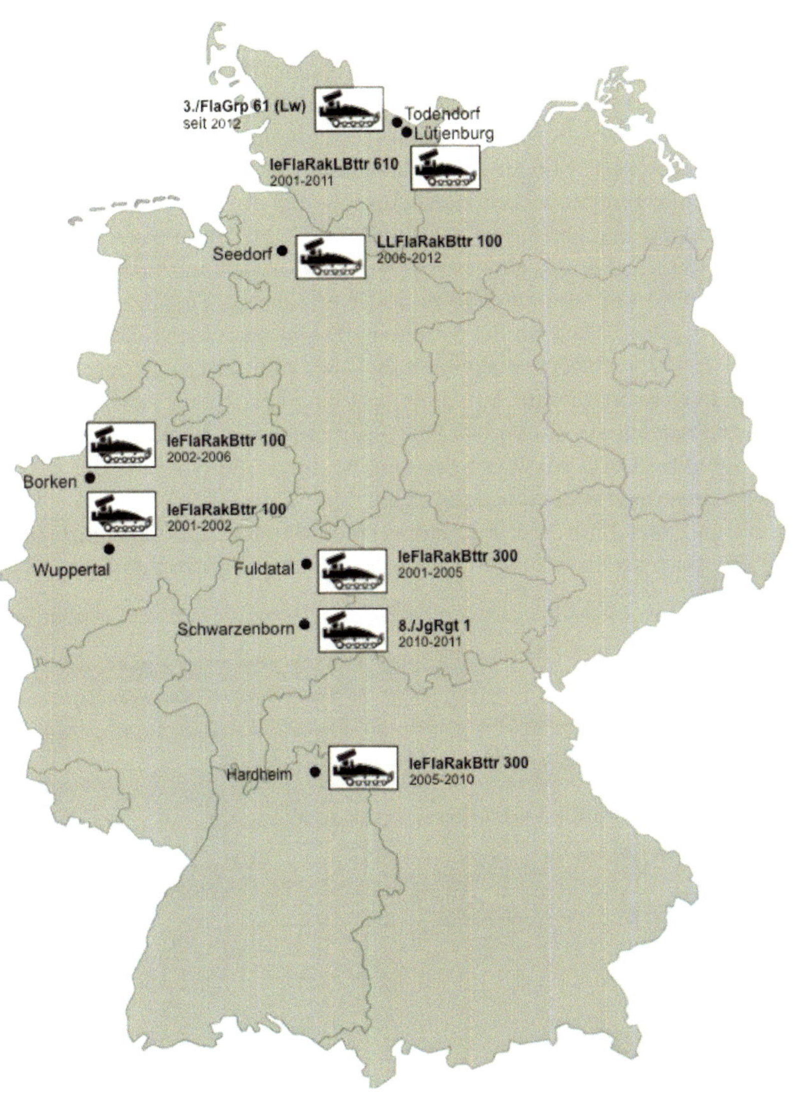

Das Leichte Flugabwehrsystem mit dem Waffenträger Ozelot

Zu Beginn der 1990er Jahre standen die Strukturanpassungen, die Reformen und insbesondere die Zuteilung der Kräfte zu Hauptverteidigungs- und Krisenreaktionskräften im Heer unter der Überschrift „Neues Heer für neue Aufgaben". Die Heeresflugabwehrtruppe stellte mit ihren großen und schweren Waffensystemen Gepard und Roland den Schutz der Hauptverteidigungskräfte sicher, konnte aber nur mit Fliegerfausttrupps Stinger an Einsätzen der Krisenreaktionskräfte beteiligt werden. So konkretisierte sich als neue Aufgabe die des Schutzes leichter und luftbeweglicher Truppen der Krisenreaktionskräfte auch im Zusammenwirken mit mechanisierten Kräften, der durch eine beschleunigte Entwicklung und Einführung[56] eines hochmobilen, autonom einsetzbaren und luftverladbaren Flugabwehrsystems realisiert werden musste. Die Definition des Systems erfolgte nach einem Wettbewerb mehrerer Anbieter, deren Vorschläge hinsichtlich Kosten, militärisch-technisch und mit einer taktisch-operativen Simulation bewertet wurden. Das dabei ausgewählte Konzept[57] versprach uneingeschränkte Wirksamkeit während eines 24-Stunden Kampftages mit Hilfe eigener aktiver und passiver Sensoren, ist durch die Nutzung der LLPz-Wiesel-2 für die gepanzerten Elemente und von MB 250 GD Wolf für Radfahrzeuge hochmobil und bietet für alle Fahrzeuge einer Batterie die Transportmöglichkeit in den Lufttransportmitteln des Heeres (Mittlerer Transporthubschrauber CH 53).

Jede Leichte Flugabwehrraketen-Batterie bestand aus drei Zügen mit jeweils

Waffenträger WT Ozelot und
Aufklärungs-, Führungs- und Feuerleitfahrzeug AFF

einem Aufklärungs- Führungs- und Feuerleitfahrzeug AFF und fünf Waffenträgern WT, einem Batterieführungsfahrzeug BF, einer Unterstützungszelle Flugabwehr UF und einem Schnittstellenfahrzeug SF sowie drei Fahrzeugen MB 250 GD Wolf mit Werkstattausstattungen.

Das Aufklärungs-, Führungs- und Feuerleitfahrzeug AFF ist die zentrale Führungszelle des Zuges. Hier erfolgen die Aufklärung des Luftraums mit aktiven und passiven Sensoren, die Identifikation der Ziele und die Bedrohungsanalyse. Auf Basis einer Feuerleitrechnung im Rechner Führung/Datenverbund werden die Ziele den Waffenträgern verschlüsselt per Datenfunk zugewiesen. Im AFF kommt ein 3D-Radargerät HARD[58] zum Einsatz, dessen Sendeleistung für das LeFlaSys angepasst ist. Die Bedienung des Radars und die weiteren Bedienaktionen zum Datenverbund, dem Austausch von Luftlageinformationen und zu Lufttraumordnungsmaßnahmen erfolgen am DV-Arbeitsplatz. Über einen weiteren Arbeitsplatz für das Integrierte Prüfsystem wird das gesamte Powermanagement der Fahrzeugausstattung, der Navigation und des integrierten IFF-Geräts abgewickelt.

FlaFührungs-Wiesel (BF/UF)

In den Batterie-Führungsfahrzeugen BF werden alle Führungsinformationen an die Züge und deren Meldungen koordiniert und umgesetzt sowie der Austausch mit dem AFF unterhalten. An den Arbeitsplätzen der zum BF baugleichen Unterstützungszelle Flugabwehr UF wird die Verbindung zum Gefechtsstand der übergeordneten Führungsebene und ggf. zu NATO-Führungssystemen gehalten. Das UF enthält die Zelle Ordnung des Luftraums[59]. Als drittes Führungsfahrzeug auf Batterieebene wird das Schnittstellenfahrzeug SF (FAST) eingesetzt, mit dem die funktionale

Anbindung an eine benachbarte alliierte Luftlage der Integrierten Luftvereidigung hergestellt werden kann.

Erprobungsschießen auf dem Fla-Schießplatz Todendorf 1998

Die Waffenträger WT „Ozelot" eines Zuges werden in der Regel durch den Führungsverbund der Batterie und aller AFF eingesetzt, können aber auch selbständig Flugziele aller Art (Starr- und Drehflügler) aufklären und bekämpfen. Die Sensorelektronik umfasst einen stabilisierten Spiegelantrieb, Wärmebildgerät, Tagsicht-Kamera und Laserentfernungsmesser. Die Zielverfolgung erfolgt automatisch mit einem Dual-Mode-Tracker oder wahlweise manuell. Die in der Seite unbegrenzt und in der Höhe von -10° bis +70° schwenkbare Waffenplattform trägt die Sensorelektronik und zwei seitliche Trägereinheiten für vier adaptierte, feuerbereite Flugkörper[60]. Beim Marsch und für den Lufttransport wird die Waffenplattform gedreht, eingeschwenkt und auf dem Fahrzeug verriegelt. Vier weitere Flugkörper werden in einem Stauraum am Heck des WT mitgeführt. Die WT sind zusätzlich zur vorhandenen Sensorik für die Aufnahme eines IRST-Sensors mit einer mit der Waffenplattform gekoppelten Aufrichtanlage ausgestattet. Die Waffenanlage ist fernbedienbar, indem ihr Bediengerät abgesetzt vom Fahrzeug betrieben werden kann.

Seit seiner Einführung ist das Leichte Flugabwehrsystem erfolgreich in wechselnder struktureller Einbindung eingesetzt worden. Nach der Außerdienststellung der Heeresflugabwehrtruppe hat die Luftwaffe das System 2012 teilweise übernommen und erfüllt damit im Verbund mit ihren weiteren Flugabwehrwaffensystemen ihren umfassenden Auftrag zum Schutz vor der Bedrohung aus der Luft.

WT Ozelot, 2001

Schnittstellenfahrzeug
SF (FAST lvb)

Aufklärungs-, Führungs- und Feuerleitfahrzeug AFF

Sensoren:	Ericsson HARD: 3D-X-Band Impulsdopplerradar, vollkohärent mit Impulskompression, Frequenzagilität IFF MSR 200/XE
Abdeckung:	Reichweite 20 km, Höhe 5.000 m
Ausstattung:	Rechner Führung/Datenverbund

Waffenträger WT Ozelot

Anlagen:	Wärmebildgerät, Tagsichtkamera, Laserentfernungsmesser Dual-Mode-Tracker Anschluss/Aufrichtanlage IRST Schnittstelle Zielzuweiser optisch
Waffenplattform:	2 Trägereinheiten für 4 Flugkörper
Richtbereich:	Seite : n x 360°, Höhe: -10° bis +70°
Vorrat:	4 Flugkörper im Staukasten

	AFF	BF/UF	WT	SF (FAST lvb)
Trägerfahrzeug:	LL-Panzer Wiesel 2 (lang)			MB 250 GD Wolf
Fahrwerk	drehstabgefederte Stützrollen			Allradantrieb
Länge:	4150 mm	4160 mm	4510 mm	4320 mm
Breite:		1820 mm		1690 mm
Höhe:	1900 mm	2100 mm	1900 mm	1920 mm
Gefechtsgewicht:		4100 kg	2700 kg	
Motor, Hubraum:	4-Zylinder TDI, 1896 cm, OM 602, 2,5 l			
Leistung:	81 kW (110 PS)			68 kW
Fahrbereich:	550 km			600 km
Geschwindigkeit:	Straße: 70 kmh , Gelände 50 kmh			123 kmh
Funkausstattung:	5 SEM 90/93	3 SEM 90/93	2 SEM 90/93	4 SEM 93
Ausstattung:	GPS Hybridnavigationsanlage ABC-Schutzanlage, Klimaanlage, Nebelmittelwurfanlage			
Bewaffnung:	MG 3			
Besatzung:	2	3	2	3

MB 250 GD Wolf mit WSA

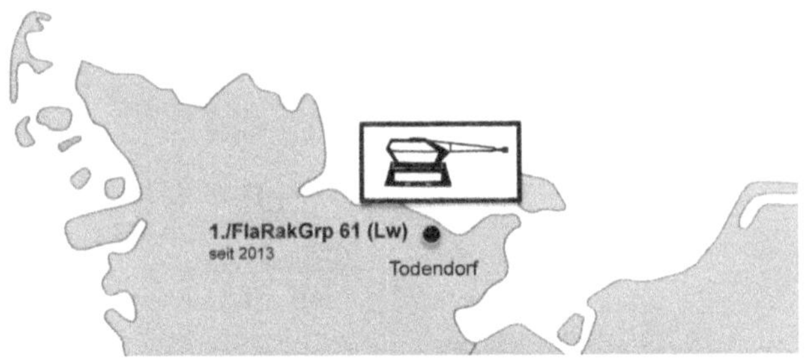

Flugabwehrkanonensystem MANTIS

Die Auslandseinsätze stellten die Bundeswehr zu Beginn der 2000er Jahre vor neue Aufgaben und konfrontierte die Einsatzkräfte mit irregulären Gegnern, deren Abwehr auch neue Einsatzmittel erforderte. Insbesondere der Beschuss der Feldlager in Kunduz und Masar-e-Sharif während des Einsatzes in Afghanistan zeigte den dringenden Bedarf nach einem System zur Abwehr von ungelenkten Raketen, Artilleriegeschossen und Mörsergranaten. Mit dem bereits international eingeführten System Skyshield der Fa. Oerlikon-Contraves wurde daher ab 2004 in Schießversuchen die Eignung als C-RAM (Counter Rocket, Artillery, Mortar) System getestet. Wegen der erfolgversprechenden Ergebnisse wurde 2007 ein Entwicklungsauftrag für ein Nächstbereichschutzsystem (NBS) erteilt, das neben der Abwehr von RAM-Zielen auch gegen Drohnen sowie Starr- und Drehflügler eingesetzt werden kann. Durch die Firma Rheinmetall Air Defence wurde auf Basis des eingeführten Kalibers 35 mm und der verfügbaren AHEAD-Munition[61] die Revolverkanone GDF 020, ein neues Radar und eine Führungszentrale als System MANTIS (Modular, Automatic and Network capable Targeting and Interception System) vorgestellt, dessen Beschaffung 2009 parlamentarisch genehmigt wurde. Die ursprünglich für die Heeresflugabwehrtruppe vorgesehenen zwei Systeme wurden 2011 der Luftwaffe zugewiesen.

Das System MANTIS wird lagebezogen an einem Schutzobjekt flexibel angepasst eingesetzt. Es besteht in der Regel aus einer bemannten Bedien- und Feuerleitzentrale (BFZ), zwei unbemannten Radarsensoren (NBS) sowie bis zu vier angeschlossenen, ebenfalls unbemannten Geschützen je Sensor.

Die Bedien- und Feuerleitzentrale (BFZ) ist ein in einem Container installierter hochautomatisierter Gefechtsstand mit verschiedenartigen Daten- und Kommunikationsverbindungen, in dem an vier Arbeitsplätzen die angeschlossenen Sensoren bedient werden, der Luftraum überwacht und die weitgehend automatisierte Bekämpfung nach Entscheidung des Feuerleitoffiziers eingeleitet wird.

Eine erfolgreiche Bekämpfung hängt wesentlich von der Detektionsleistung des Radarsensors NBS ab. Nach der Spezifikation können Ziele mit einem Radarquerschnitt von < 0.01 m² auf eine Entfernung von ca. 20 km erfasst werden. Zur Verbesserung der Detektionssicherheit wird die Vernetzung mehrerer Sensoren als Redundanz angestrebt. Im NBS-Sensor ist ein IFF-Gerät integriert, zusätzlich sind für eine Zielverfolgung bei Sichtbedingungen ein Infrarotzielsystem, ein Laserentfernungsmesser und eine TV-Kamera verfügbar.

Als Wirkkomponente des Systems MANTIS wird die einläufige, automatische und unbemannte 35 mm Revolverkanone GDF-020 eingesetzt, die auf einer Plattform abgesetzt wird. Um die erforderliche Treffer-Präzision zu gewährleisten, ist das Rohr mit einer Schutzhülle gegen Witterungseinflüsse ummantelt und die Revolvertrommel mit einer Heiz- und Kühleinrichtung versehen. Die Munition wird auf 24-Schuss-Ladestreifen zugeführt. Beim Verlassen des Rohres wird die Anfangsgeschwindigkeit des Geschosses gemessen und sein Zünder auf einen optimalen Zündzeitpunkt programmiert. Das Geschoss gibt in unmittelbarer Nähe am Ziel eine „Wolke" von Wolfram-Projektilen frei, deren kinetische Energie und Dichte ausreicht, das Ziel zu zerstören oder abstürzen zu lassen.

MANTIS in Stellung; im Hintergrund links NBS, rechts BFZ

System MANTIS
Vollautomatisches, modulares, stationäres Nahbereichs-Flak System
Zielspektrum: Ungelenkte Raketen, Artilleriegeschosse, Mörsergranaten,
                            Drohnen, Flugzeuge, Hubschrauber

Sensoreinheit NBS
Komponenten: Rundsuchradar X-Band, IFF, Zielfolgeradar,
                            Infrarotzielsystem, Laserentfernungsmesser,
                            TV-Kamera
Erfassungsreichw.:   20 km bei RCS < 0.01 m²

Flak-Geschütz   Rheinmetall GDF 020
Munition: 35 x 228 mm AHEAD
Kadenz: 1.000 Schuss/Min.
V_0:   1.050 m/s
Salvenlänge: max. 36 Schuss
Reichweite: 3 – 5 km
Gewicht: 5.800 kg (auf Palette, mit Munition)
Maße: Länge 5.526 mm, Breite 2.435 mm, Höhe 2.088 mm
Stellfläche: 2.988 x 2.435 mm

Aufklärungs- und Führungssysteme

Die Aufklärung des Luftraums mit Radarsensoren ist für die eingeführten Systeme der Luftverteidigung und Flugabwehr eine Vorbedingung, sowohl den Schutz des Staats- und Bündnisgebietes als auch die Operationsfähigkeit der eigenen Truppen bei allen Einsätzen zu gewährleisten. Im Einsatzbereich der Luftverteidigung gibt es ortsfeste, übergreifend vernetzte Radarfrühwarnsysteme, die den Luftraum in mittleren und großen Höhen überwachen können. Unterfüttert und ergänzt werden diese Systeme durch die Radaranlagen, die als spezielle, eigenständige Anlagen der Waffensysteme genutzt werden. Im unteren Luftraum musste man sich jedoch zunächst auf eine optische Aufklärung durch Luftraumbeobachtungstrupps des Tieffliegermeldedienstes der Luftwaffe und der Flugabwehrverbände des Heeres abstützen. Ihre Ergebnisse waren wegen der Abhängigkeit von der Tageszeit, vom Wetter und vom Gelände meist unzureichend. Durch den Einsatz mobiler Radargeräte wurde angestrebt, Lücken auszufüllen. Eine flächendeckende Abdeckung konnte aber nicht erreicht werden, ebenso unzureichend blieb über Jahre die Weitergabe der Daten und ihre Zusammenführung zu einem einheitlichen Luftlagebild. Die Nutzung bewährter Radaranlagen und die Entwicklung neuer Geräte auf Basis mittlerweile verfügbarer Technologien war der Weg, eine umfassende Informationsdichte und Führungsunterstützung zu bieten.

Das Heeresflugabwehr-Aufklärungs- und Gefechtsführungssystem sollte die Ergebnisse von Aufklärungsmitteln des Heeres und der Luftwaffe der Bundeswehr zusammenführen, die Führung flexibler machen und die Feuerleitung bis in die Flugabwehrbatterien unterstützen. Es wurde als Gesamtsystem mit den Flugabwehrkanonen- und -raketenpanzern konzipiert. Seine Einführung wurde über 30 Jahre immer wieder verzögert; so wurde es im Ganzen praktisch nicht realisiert, lediglich Komponenten konnten als eigenständige Anlagen (LÜR) eingeführt oder im Rahmen neuer Systeme wie beim Leichten Flugabwehrsystem zur Anwendung gelangen. Für die Heeresflugabwehr hätte HFlaAFüSys auch einen wesentlichen Beitrag zur Identifizierung von Freund und Feind in der Luft liefern können. So mussten Lücken in den Identifizierungsmöglichkeiten durch Flugregelungen für eigene Luftfahrzeuge und Feuerregelungen für die Heeresflugabwehr gemildert werden.

Zeitgleich konnten die Luftverteidigungs- und Truppenluftabwehrkräfte der NVA eine Vielzahl sowjetischer Anlagen und Geräte nutzen, die oft speziell für ein Waffensystem konzipiert waren, sich aber auch im Einsatz bei anderen bewährten. Im Folgenden sind Beschreibungen und Daten von ausgewählten Radaranlagen und Führungssystemen zusammengestellt, die den Einsatz der Truppenteile über lange Jahre unterstützt und bestimmt haben.

Rundsuchradargerät AN/TPS 1-E

Das in den USA entwickelte transportable Radar wurde von der Bundeswehr ab 1958 zunächst in der Luftverteidigung eingesetzt, um Lücken der Radarabdeckung zu füllen und Ziele für Nike-Einheiten, oft in Verbindung mit dem Höhenmeßradar AN/TPS-10, zu bezeichnen. In der Heeresflugabwehrtruppe war das Gerät bis 1990 im Einsatz und nach mehreren Modernisierungen und der Einrüstung eines IFF-Geräts das Standardgerät bei der Luftraumüberwachung auf geringe und mittlere Entfernungen in den Operationsräumen der Divisions- und Korpsflugabwehrverbände.

Rundsuchradar TPS 1-E auf
Lkw 5 t gl MAN

Radargerät:	L-Band 1.220 – 1.360 MHz, manuell einstellbar
Antennengröße:	4,95 x 1,95 m
Gewicht der Antenne:	115 kg
Pulsfolgefrequenz:	360 – 400 Hz, manuell einstellbar
Pulslänge:	2,7 µs
Pulsleistung:	500 kW
Durchschnittsleistung:	550 W
Antennenumdrehungen:	1 – 15 U/min
Öffnungswinkel:	3,4° - 4°
Reichweite:	horizontal max. 90 km bei $\sigma = 1$ m^2
	vertikal max. 10.000 m
IFF-Betrieb:	Mode 1 – 3
Trägerfahrzeug:	Lkw 5 t gl MAN Typ 630 L2
Zul. Gesamtgewicht:	13 t
Motor:	8,2 l-Vielstoffmotor, 100 kW (136 PS)
Geschwindigkeit:	Straße max. 68 km/h
Bedienung:	9 Soldaten

Luftraumüberwachungsradargerät LÜR

Als zentraler Sensor des damals geplanten und in Entwicklung befindlichen Heeresflugabwehr-Aufklärungs- und Gefechtsführungssystems wurde 1990 das mobile Luftraumüberwachungsradargerät LÜR in die Heeresflugabwehrtruppe der Bundeswehr eingeführt[62]. Das System besteht aus dem Radarsensor und dem Auswerter, jeweils verlastet auf Lkw 15 t 8x8 mil gl. Die beiden Systemanteile werden gemeinsam, bis zu 300 m voneinander abgesetzt betrieben und sind durch Datenfunk verbunden. Im fernbedienbaren Sensor befinden sich die wesentlichen HF- und Videoanteile des 3D-Aufklärungsradars, also die aufrichtbare Phased Array Antenne, Sender, Empfänger und die Videoverarbeitung. Der Auswerter enthält die zur analogen und synthetischen Zieldatenaufbereitung notwendigen Anlagenteile sowie den Radararbeitsplatz zur Zieldarstellung. Das Radar arbeitet mit einer phasenkodierten Pulskompression und ist durch eine flexible Sendefrequenz, eine wechselnde Pulsfolgefrequenz und ein variables Modulationsmuster sowie eine sich ändernde Antennenpolarisation sehr störunempfindlich.

Eine Radargruppe LÜR war bei der Überwachung des Luftraums am Flugplatz in Mazar-e-Sharif, Afghanistan, erfolgreich eingesetzt; seit 2012 werden die Anlagen durch die Luftwaffe betrieben.

LÜR Auswerter und Sensor in einer Aufstellung bei einer Vorführung

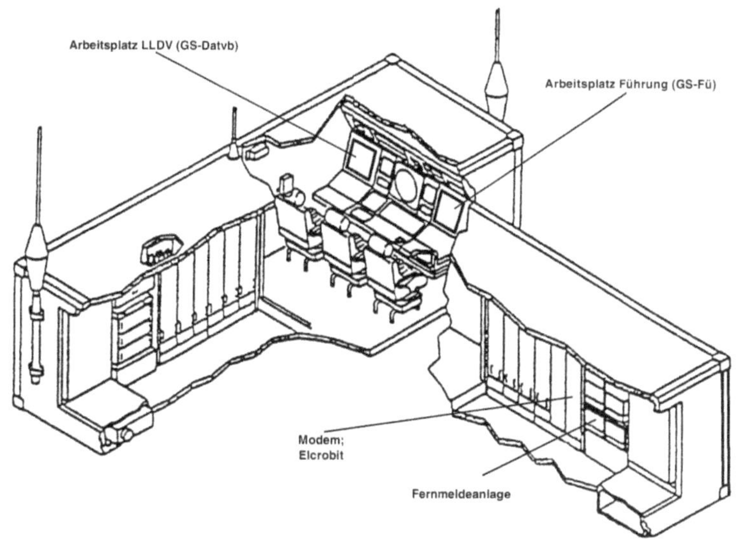

Anordnung der Arbeitsplätze und Komponenten im Auswerter LÜR

Radargerät:	3D-Radar (TRM-S), C-Band
Antennenumlauf:	3,3 – 11.9 s (Datenerneuerung)
Antennenhöhe:	max. 12,5 m
Reichweite:	horizontal 100 km (theor. 200 km)
	vertikal max. 10.000 m
IFF:	integriert Mode 1 - 4
Funkgeräte:	5 SEM 93
Fahrzeug:	2 Lkw 15 t 8x8 mil gl MAN
Leistung:	360 PS
Fahrbereich:	800 km
Maße:	Länge: 11,3 m, Breite 2,90 m,
	Höhe 3,96 m (Fahrstellung)
Gesamtgewicht:	28,5 t
Bedienung:	3 Soldaten

Die Fahrzeuge der Fla-Aufklärungsgruppe LÜR

Nahbereichsradar NBR

Nach mehrjährigen Entwicklungsarbeiten und mehrmaligen Konzeptänderungen[63] konnte schließlich mit der Außerdienststellung der FlaRakRad Roland der Luftwaffe und der Marine eine Lösung für die Aufklärungslücke bei der Heeresflugabwehrtruppe realisiert werden. Vorhandene Flugabwehrgefechtsstände FGR wurden für den Einsatz in der Heeresflugabwehrtruppe als Nahbereichsradargeräte NBR übernommen und die Anlagen insoweit umgerüstet, dass wesentliche Funktionen des HFlaAFüSys hinsichtlich Aufklärung, Führung, Feuerleitung und Zusammenarbeit mit externen Systemen ermöglicht wurden[64]. Dies konnte realisiert werden, da in den FlakPz 1A2 Gepard und im Leichten Flugabwehrsystem geeignete Schnittstellen und Koordinationsadapter vorhanden waren. Flugabwehraufklärungsschnittstellen Tiefflugbereich waren sowohl in Kabinen verlastet auf Lkw 2 t mil gl als auch eingerüstet in Lkw 0,9 t als luftverladbare Version im LeFlaSys eingeführt.

Nahbereichsradar NBR (2008)
auf Lkw 15 t 8x8 mil gl

Arbeitsplatz im NBR

148

Radargerät:	2D-Radar (TRML-2D), G-Band
Antennenumlauf:	2,25 – 4,44 s (Datenerneuerung)
Antennenhöhe:	ca. 12 m
Reichweite:	horizontal 60 km
	vertikal max. 6.000 m
IFF:	integriert Mode 1 - 4
Funkgeräte:	5 SEM 93
Fahrzeug:	Lkw 15 t 8x8 mil gl MAN
Leistung:	360 PS
Fahrbereich:	800 km
Maße:	Länge: 11,3 m, Breite 2,90 m,
	Höhe 4 m (Fahrstellung)
Gesamtgewicht:	ca. 28 t
Bedienung:	3 Soldaten

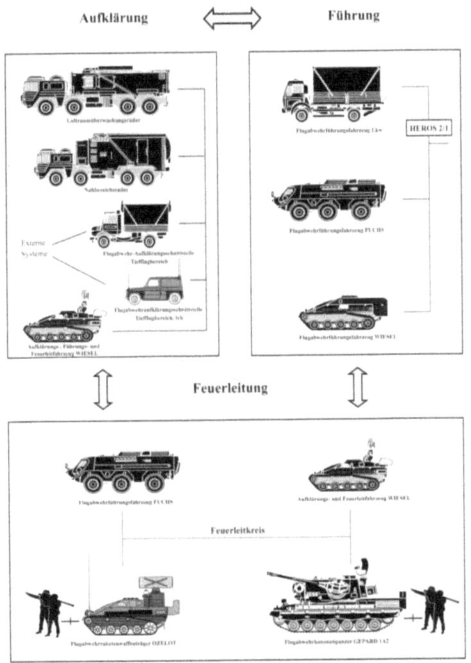

Planung des Aufklärungs- und Führungsverbundes 2008

Radargerät P-12 (NATO-Code: Spoon Rest)
Radargerät P-18 (NATO-Code: Spoon Rest D)

Die in der Sowjetunion entwickelten und hergestellten Radargeräte P-12/P-18 sind VHF-Band Geräte, von denen mehrere Versionen im Einsatz waren, die sich hauptsächlich in der Anbindung an andere Radargeräte unterschieden. Der Haupteinsatz erfolgte bei den Raketensystemen Dwina/Wolchow, Newa und Kub. In der NVA wurden die Geräte mit dem Kürzel RBS (Rundblickstation) bezeichnet.

P-12 / P-18	
Frequenzbereich:	150–170 MHz
Pulswiederholzeit:	2,77 ms
Pulswiederholfrequenz:	360 Hz
Sendezeit (PW):	6 µs
Empfangszeit:	2,4 ms
Totzeit:	377 µs
Pulsleistung:	160 – 250 kW
Durchschnittsleistung:	bis 540 W
angezeigte Entfernung:	bis 360 km
Entfernungsauflösung:	900 m
Öffnungswinkel:	8° / P-18: 6 °
Trefferzahl:	über 15
Antennenumlaufzeit:	≥ 6 s (stetig regelbar)

Vorn: RBS-18, dahinter: P40 Parol

Radar-Sichtgeräte im P-12 NP

Feuerleitradar RSNA-75 (NATO-Code: Fan Song)

Die in der Sowjetunion entwickelte und gebaute Radaranlage wurde sowohl ortsfest als auch montiert auf mobilen Kabinen mit den Flugabwehrraketensystemen Dwina/Wolchow und Newa eingesetzt; zum Transport wurde sie zerlegt und auf drei Anhänger verladen. Sie gliederte sich in die Sendeanlage Ziel, den HF-Teil der Empfangsanlage Ziel und Rakete sowie die Schleifringübertrager für die Winkelsynchronfolgeantriebe. Jeder Funktion ist eine Antenne zugeordnet: längliche Antennen unten und seitlich für die Seiten- und Höhenwinkel-Zielsuche, die oberen Parabolantennen für die Zielverfolgung und rechts eine seitliche Parabolantenne für den Kommandosender. Die Anlage kann jeweils ein Ziel und zwei Flugkörper gleichzeitig verfolgen. Für die Zielverfolgung unter ECM-Bedingungen ist ein optisches, hochauflösendes TV-Visier zwischen Azimut- und Elevationsantenne angebracht.

Vorderansicht des mobilen Feuerleitradars Fan Song der NVA (links); Rückansicht einer ortsfesten Stellung in Ägypten (rechts)

Frequenzbereich:	Zielverfolgung: E/F-Band
	Feuerleitung: G-Band
Pulsfolgefrequenz:	Suchmode: 828 - 1.440 Hz (E/F)
	Trackmode: 1.656 - 2.880 Hz (G)
Pulslänge:	0,4 - 1,2 µs (G)
Öffnungswinkel Antenne:	7,5° - 1,5°
Scan-Rate:	15,5 - 17 Hz
Reichweite:	60 km -120 km (E/F)
	75 km - 145 km (G)
Sendeleistung:	600 kW (E/F); 1,0 MW (G)

Suchradar P-15 (NATO-Code: Flat Face)

Das Such- und Zielzuweisungsradar P-15 wurde in der NVA zur Verdichtung der Luftaufklärung ab Beginn der 1960er Jahre eingesetzt, sowohl bei den schweren Flak-Regimentern der Luftverteidigung und nach der Einführung der Fla-Raketensysteme Dwina/Wolchow und Newa, als auch bei den Raketenregimentern der Truppenluftabwehr. Die Anlagen waren über das gesamte Gebiet der DDR in Einheiten der Funktechnischen Truppen disloziert, die damit in das Diensthabende System eingebunden waren. Die NVA hatte mehrere Versionen der P-15 im Dienst und stattete mit den Anlagen auch die Führungsbatterien der Chefs der Truppenluftabwehr der Mot.-Schützen- und Panzerdivisionen aus. Im Zuge der Umrüstung auf das Sekundärradar Parol wurden die P-15 Stationen den Mobilmachungsdivisionen zugewiesen.

Die Anlage besteht aus einem Kofferaufbau auf Lkw mit den Radarbaugruppen, der Antennenanlage und einem integrierten Kenngerät sowie Stromaggregate. Die Antennenanlage trägt an einem klappbaren Gittermast zwei angeschnittene Gitter-Parabolantennen übereinander. Mit dieser Konstruktion konnte eine hohe horizontale Auflösung erreicht werden, wegen der nur mäßigen vertikalen Auflösung wurden zusätzlich Höhenmessradare eingesetzt.

Radar:	2D
Frequenzbereich:	UHF, ca. 830 MHz
Pulswiederholzeit:	3 – 4 ms
Pulswiederholfrequenz:	500-680 Hz
Pulslänge:	2,2 µs
Pulsleistung:	270 - 300 kW
Durchschnittsleistung:	400 W
Entfernungsauflösung:	300 m
Zielentfernung:	max. 200 km
Zielhöhe:	50 – 5.000 m
Öffnungswinkel:	4°
Trefferzahl:	> 15
Antennenumlaufzeit:	10 s
IFF:	Kenngerät NRS-15
Zeit f. Einsatzbereits.:	ca. 20 min
Trägerfahrzeug:	Lkw ZIL-157 (mit Anh.)
Geschwindigkeit:	40 km/h, Gelände max. 10 km/h
Maße:	Länge 10,3 m (m. Anh.),
	Breite 3,1 m, Höhe 4,0 m
Gewicht:	9,2 t
Bedienung:	5 Soldaten (2-3/Schicht)

Radaranlage PRW-11 (NATO-Code: Side Net)

Das Höhenmessradar PRW-11 wurde bei den FlaRak-Truppen zur Höhenbestimmung eines von einem Suchradar erkannten oder einem automatisierten Führungssystem zugewiesenen Zieles eingesetzt. Es besitzt kein eigenes Sekundärradar. In der Regel wurde das Radar auf Regimentsebene eingesetzt und ergänzte die vom Radar P-12 (Spoon Rest) durchgeführte Zielerkennung. Die Anbindung der auf einer Anhänger- oder Lkw-Kabine montierten Radargeräte erfolgte über zusätzliche Kommunikationskabinen, in denen die Messergebnisse einheitlich dargestellt wurden.

Frequenzbereich:	2,7 GHz
Pulswiederholzeit:	3 ms / 1,3 ms
Pulsfolgefrequenz:	330 Hz / 730 Hz
Pulslänge:	3 µs / 1,3 µs
Pulsleistung:	1,2 MW
Durchschnittsleistung:	1,3 kW
Entfernung:	max. 400 km
Entfernungsauflösung:	0,8 km / 1,5 km

Feuerleitradar SNR 125 (NATO-Code: Low Blow)

Das Feuerleitradar SNR 125 ist eine im I/D-Band arbeitende Radaranlage zur Verfolgung der Ziele und Vermessung der Flugkörper. Das auffällige Kennzeichen der Anlage sind die beiden rechtwinklig zueinander und mit 45° Neigung angebrachten, elektromechanisch gesteuerten Antennen. Durch die sich dadurch ergebende Polarisation wird eine gute Festzeichenunterdrückung bewirkt, die das Raketensystem besonders gegen sehr tief fliegende Ziele wirkungsvoll macht. Zwischen den beiden Sendeantennen befindet sich eine Empfangsantenne mit einem extrem schmalen Diagramm, wodurch eine besonders genaue Verfolgung manövrierender Ziele ermöglicht wird. Zeitgleich zur Zielvermessung erfolgt in zwei Raketenkanälen die Vermessung und Kommandolenkung des Flugkörpers. Es können gleichzeitig die Daten von bis zu sechs Zielen und zwei Flugkörpern verarbeitet werden. Zusätzlich zum Radarbetrieb verfügt die Anlage über ein hochauflösendes, Restlicht-geeignetes TV-Kamera-Visier, das für den Einsatz unter ECM-Bedingungen vorgesehen ist.

Frequenzbereich:	9 – 9,4 GHz Feuerleitung I-Band; FK-Lenkung D-Band
Pulswiederholzeit:	288 µs / 560 µs
Pulswiederholfrequenz:	Feuerleitung 1,75 kHz FK-Lenkung 3,5 kHz
Pulsleistung:	210 kW
Entfernungsbereiche:	Feuerleitung 40 km - 80 km FK-Lenkung 29 km
Entfernungsauflösung:	30 m
Öffnungswinkel:	1°

Frühwarnradar Oborona (NATO-Code: Tall King C)

Das Frühwarnradar Oborona ist ein sowjetisches Meterwellenradar, das in der Luftverteidigung des Warschauer Pakts zahlreich eingesetzt war und mit einer Reichweite von 1.200 km die Vorwarnzeit für die Raketensysteme der Luftverteidigung und deren Radargeräte verlängerte. Als 2D-Radar war die Anlage auf ergänzende Daten des Höhenmessradars PRW 17 angewiesen. Mit der gigantischen Parabolantenne konnten bei mäßiger Winkelauflösung von den Standorten Gleina/Altenburg, Insel Rügen und Prangendorf aus Ziele bis über Großbritannien geortet werden.

Frühwarnradar Oborona
in Ungarn (2001)

Frequenzbereich:	150 – 170 MHz
Pulswiederholzeit:	ca. 6 ms
Pulswiederholfrequenz:	ca. 180 Hz
Pulsgröße:	6 µs
Empfangszeit:	ca. 5 ms
Entfernungsbereich:	1.200 km
Entfernungsauflösung:	1.000 m
Trefferzahl:	>15
Antennenumlaufzeit:	10 s / 20 s
Antennenmaße:	Breite: 33 m; Höhe: 22 m

Rundsuchradar P-35/-37 (NATO-Code: Bar Lock)

Das Rundsuchradar P-35 (P-37) ist eine 2D-Radaranlage im Zentimeterwellenbereich, die in der NVA in Verbindung mit den Flugabwehrraketensystemen auch von den Funktechnischen Truppen im Rahmen des Diensthabenden Systems betrieben wurde. Die Anlage ist in drei Lkw-verlasteten Kabinen verlegefähig, wurde aber überwiegend in vorbereiteten Stellungen eingesetzt. Das Impulsradar mit einer Reichweite von etwa 450 km arbeitet mit Festfrequenzen im E/F-Band und zwei übereinander befindlichen Parabolantennen mit insgesamt sechs Hornstrahlern. Diese sind auf unterschiedliche Winkel eingestellt und decken damit einen geländeangepassten Höhenbereich bis 28° ab. Die genaue Bestimmung der Zielhöhe erfolgte durch kooperierende Höhenmessradargeräte PRW-11.

Mit der zeitweiligen Übernahme des FlaRak-Systems Wega in die Luftverteidigung der Bundeswehr wurden 1990 auch Radaranlagen Bar Lock in Betrieb gehalten und nach westlichem Standard mit IFF/Sekundärradargeräten Siemens 1990 nachgerüstet. Erst 1998 wurde auf Rügen die letzte Stellung abgeschaltet.

Frequenzbereich:	2,7 – 3,3 GHz
Pulswiederholzeit:	2,6 ms / 1,3 ms
Pulswiederholfrequenz:	375 Hz / 750 Hz
Pulslänge:	1,2 - 1,5 µs / 4,5 µs
Pulsleistung:	6 x je 700 kW
Durchschnittsleistung:	6 x je 700 W
Reichweite:	350 km – 450 km
Entfernungsauflösung:	180 m
Öffnungswinkel:	2°
Trefferzahl:	> 8
Antennenumlaufzeit:	10 s / 20 s

Radaranlage P-37 in der
Stellung Elmenhorst, 1997

Feuerleitradar 5N62/K1 (NATO-Code: Square Pair)

Die Radaranlage 5N62/K1 ist ein Beleuchtungsradar für eine halbaktive Zielverfolgung und nutzt unterschiedliche Antennen für Senden, Empfangen und die Flugkörper Lenkkommandos. Es wird als Dauerstrichradar in einer unmodulierten Betriebsart mit Auswertung der Dopplerfrequenz des Zieles und phasencodiert moduliert zur Messung der Zielentfernung betrieben, konnte jedoch jeweils nur ein Einzelziel auffassen und vermessen. In der Kabine K2 befindet sich die Feuerleitzentrale mit allen erforderlichen Komponenten.

Beide Kabinen K1 und K2 sind zwar auf Anhängerfahrzeugen aufgebaut, wurden aber in der Regel stationär eingesetzt. In der NVA ist die Anlage vorrangig als Feuerleitradar des Raketensystems S-200 Wega betrieben worden.

Feuerleitradar K1
in Ungarn;
die runde Antenne
ist die Komman-
dosendeantenne

Frequenzbereich:	S-Band, 6.0 GHz
Sendeleistung:	100 kW
Durchschnittsleistung:	3 kW
Empfangsempfindlichkeit:	10^{-17} W
Reichweite:	180 – 300 km
Antennenumlauf:	max. 20°/s
Öffnungswinkel Antenne:	0,7° /1,4°
Gesamtgewicht K1:	ca. 36 t

Sekundärradargerät 1L22 Parol (NATO-Code: Dog Tail)

Die in der NVA eingesetzte Anlage 1L22 Parol gehört zu einer sowjetischen Sekundärradarfamilie, die sowohl als Einbaugerät und auch als Beistellgerät für FlaRak-Systeme der Luftverteidigung und der Truppenluftabwehr in einer Lkw- und einer Anhänger-Version eingeführt worden war. Bei allen Versionen ist die Empfangs- und Dekodiereinrichtung gleich, Unterschiede bestehen in der Konstruktion des Senders, der HF-Leitungen und der Antenne. Das Gerät arbeitet mit einer Abfrage- und zwei Empfangsfrequenzen für drei codierte Antwortimpulse nach dem in der SU und im Bereich des Warschauer Pakts genutzten Kennsystems Kremni.

Gerät:	1L22 (russ. NRZ-4P)
Frequenzbereich:	UHF
Antennenumlaufzeit:	synchron zum Primärradar
Pulswiederholzeit:	synchron zum Primärradar
Pulswiederholfrequenz:	synchron zum Primärradar
Pulslänge:	> 12 µs
angezeigte Entfernung:	max. 600 km
Trägerfahrzeug:	Ural-375D
Maße (L,B,H):	7,35 m, 2,69 m, 2,98 m (ohne Antenne)
Zul. Gesamtgewicht:	13,2 t
Höchstgeschwindigkeit:	75 km/h
Fahrbereich:	max. 550 km

Radaranlage 1S32 – NATO-Code: Pat Hand

Die Radaranlage 1S32 ist das zentrale Zielfolge- und Feuerleitgerät der Batterie des Flugabwehrraketensystems Krug. Auf einem Kettenfahrgestell verfügt es über die gleiche Geländegängigkeit wie die Startgeräte der Batterie und vereint mehrere Komponenten und Funktionen. Das im C-Band arbeitende kohärente Impulsradar mit einer Pulsleistung von 750 kW sucht und erfasst Ziele in bis zu 130 km Entfernung und wird bei einer Zielentfernung von 80 - 90 km auf Zielverfolgung umgeschaltet. Nach dem Start des Flugkörpers wird dieser über ein Dauerstrichsignal im H-Band verfolgt, mittels Kommandolenkung nach den Transpondersignalen des Flugkörpers dem Ziel nachgeführt und im Endanflug bis zur Zündung des Gefechtskopfs halbaktiv gelenkt. Über Zusatzantennen wird die Verbindung zu Radar- und Kommandoanlagen der Abteilung und des Regiments gehalten.

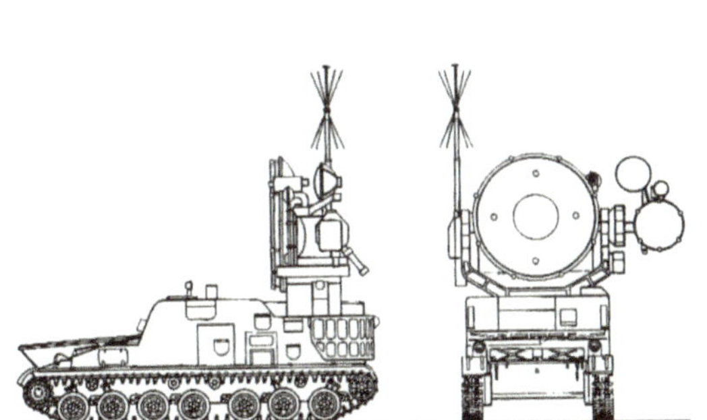

Radaranlage Pat Hand (vorn) und Startgerät Krug im Nationalen Militärhistorischen Museum in Sofia

Radar:	Impulsradar: C-Band; CW-Radar: H-Band
Pulsleistung:	750 kW
Suchbereich:	Entfernung 120 – 130 km; Höhe 7.000 – 15.000 m
Trägerfahrzeug:	GM-124 (mod. GMZ)
Maße:	Länge: 7,5 m; Breite: 3,2 m; Höhe: ca. 5,3 m (Radar aufgeklappt, mit Zusatzantenne: ca. 7 m)
Antrieb:	V-59 V-12 Mehrkraftstoffmotor (Diesel), wassergekühlt
Leistung:	525 PS (17,33 PS/t)
Fahrbereich:	450 km; Tankinhalt: 850 l
Geschwindigkeit:	max. 35 km/h

Radarsystem P-40 (1S12) – NATO-Code: Long Track

Auf den übergeordneten Führungsebenen und den Führungsbatterien der Flugab-
wehrraketen-Systeme Krug und Kub kam die Radaranlage P-40 (NATO-Code: Long
Track) zum Einsatz. Das Radar ist ein weitreichendes S-Band Zielsuchradar und wies
den Batterien Ziele auf eine Entfernung von bis ca. 380 km zu. Die Anlage ist auf
einem modifizierten Kettenfahrgestell AT-T hochmobil und wird von sechs Soldaten
(Stationsleiter Offizier, Truppführer, 3 Funkorter, Fahrer) bedient.

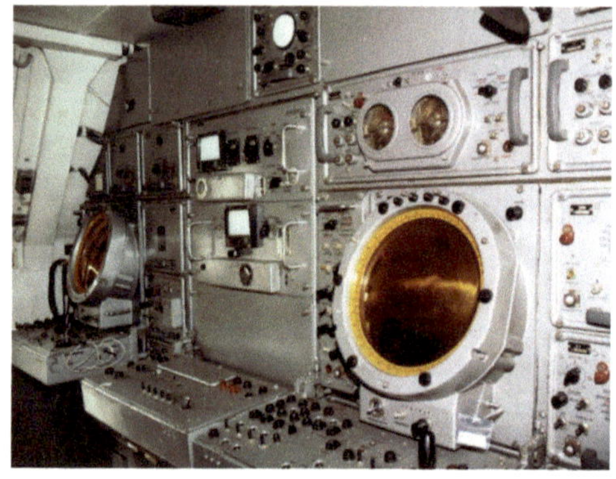

Radar-Arbeitsplätze der Funkorter
im P-40

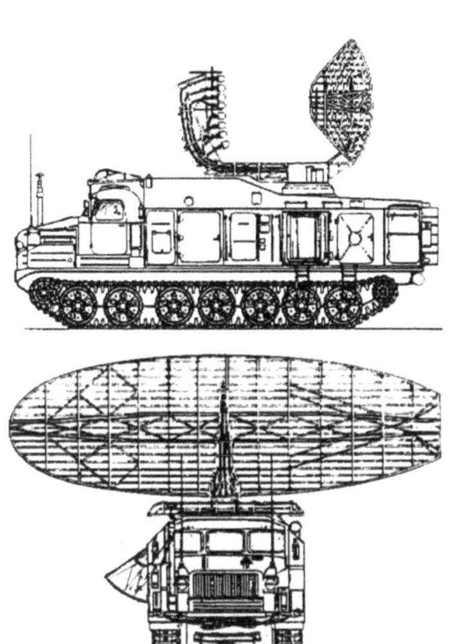

Radar:

Frequenzbereich:	2,2-2,3 GHz (S-Band)
Impulsfrequenz:	400, 600, 800 Hz
Impulsdauer:	1-2 µs
Pulswiederholzeit:	2,5 / 1,25 ms
Pulsleistung:	1,75 MW
Entfernungsbereich:	max. 375 km
Auflösung:	300 m
Öffnungswinkel:	1,5°
Antennenumlauf:	4 s / 5 s
Trägerfahrzeug:	426U (mod. AT-T)
Motor:	12-Zyl. Diesel
Maße:	Länge: 9,4 m; Breite: 3,16 m;
	Höhe: 3 m / ca. 6 m (Antenne oben)
Gewicht:	35 t
Leistung:	342 kW (465 PS)
Geschwindigkeit:	max. 55 km/h
Energieversorgung:	Gasturbine; Generator: 100 kW / 400 Hz

Höhensuchradar PRW-16 (NATO-Code: Thin Skin B)

Das Höhensuchradar PRW-16 wurde bei den Funktechnischen Truppen im Rahmen des Diensthabenden Systems im Bereich der Truppenluftabwehr auf Lkw KrAZ eingesetzt. Das Gerät arbeitet als C-Band-Radar im Dezimeter-Frequenzbereich und wurde häufig zusammen mit den Suchradaranlagen P-40 Long Track betrieben. Das Gerät galt wegen seiner radartechnischen Merkmale als relativ resistent gegen elektronische Störmaßnahmen.

Radargerät PRW-16
im ungarischen Militärmuseum
(2011)

Radargerät:	2D – Höhenfinder	Frequenzbereich:	5 – 9 GHz
Pulswiederholfrequenz:	400 Hz / 800 Hz	Pulslänge:	1,75 µs
Pulsleistung:	700 kW	Durchschnittsleistung:	490 – 560 W
Entfernungsbereich:	300 km	Entfernungsauflösung:	1,5 km
Öffnungswinkel:	2,5°	Trefferzahl:	> 12
Trefferzahl:	> 12	Antennen-Schwenkzyklus:	3,2 s
Antenne Auf-/Abklappen:	4,5 Min.		
Trägerfahrzeug:	KrAZ-255 (6 x 6 gl)		
Maße (L,B,H):	8,645 m, 2,75 m, 3,15 m (ohne Antenne)		
Zul. Gesamtgewicht:	19,68 t		
Motor:	8-Zyl. Diesel, 14,86 l		
Leistung:	176,5 kW (240 PS)		
Höchstgeschwindigkeit:	71 km/h		

Radaranlage 1S91 (NATO-Code: Straight Flush)

Die Aufklärungs- und Leitstation 1S91 ist die zentrale Radaranlage der FlaRak-Batterie Kub und vereint ein C-Band Suchradar und I-Band Zielverfolgungs- und Zielbeleuchtungsradar. Beide Radargeräte sind als Turm auf einem modifizierten Kettenfahrgestell PT-76 montiert, ihre Antennen sind unabhängig voneinander 360° drehbar. Die Antenne des Suchradars ist ein rechteckiger Parabolausschnitt; die Antenne des Zielverfolgungsradars ist als runder Parabolspiegel mit einem kleineren Planarreflektor für die Zielbeleuchtung ausgeführt. Für den Marsch werden die Antennen eingeklappt und auf dem Heck des Trägerfahrzeugs abgelegt.

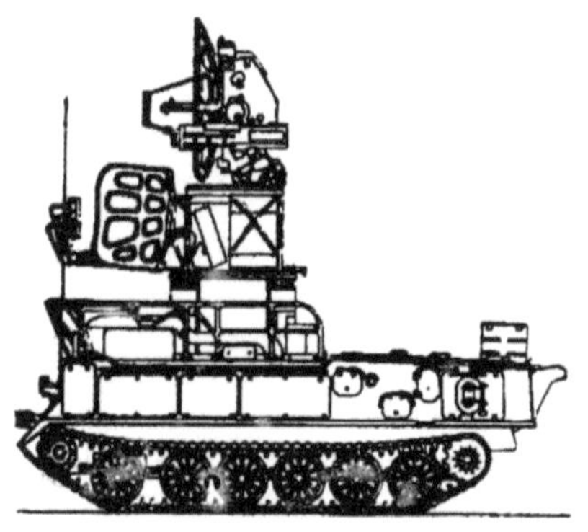

1S91 Straight Flush

Suchradar:	C-Band: 4,9-5,0 / 6,4-6,7 GHz
Pulsleistung:	600 kW
Pulsfolgefrequenz:	2 kHz
Pulsdauer:	0,5 µs
Messentfernung:	75 km
Öffnungswinkel:	1°; 20° elevierbar
Folgeradar:	I-Band, Monopuls: 7,7-8,0 GHz
FK-Lenkung:	8,5-9,0 GHz
Pulsleistung:	270 kW, durchschnittlich 25 kW
Reichweite:	45 km
Öffnungswinkel:	1°; 20° elevierbar
Antennenumläufe:	15 – 20 U/min
Sekundärradar:	IFF-System 1S51
Energieversorgung:	Gasturbine 60 kW
Ausstattung:	Datenfunk;
	TV-Teleskop-Kamera für opt.
	Zielwinkelverfolgung
Trägerfahrzeug:	mod. Chassis PT-76
Maße:	Länge 7,35 m, Breite 3,6 m,
	Höhe 5,16 m (Antennen aufgerichtet)

Anmerkungen

1   Streng abgeschirmt hatte die amerikanische Besatzungsmacht bereits kurz nach Kriegsende begonnen, im ehemaligen Jagdhaus der Familie Opel in Weiersgrund bei Neu-Anspach im Taunus das Wissen hochrangiger früherer Offiziere der Wehrmacht auszuwerten. Zu dieser Expertengruppe gehörten einerseits ehemalige Angehörige der Wehrmachtsaufklärung „Fremde Heere Ost" und andererseits Offiziere, die im Camp King des US-Military Intelligence Service Center Oberursel vernommen wurden. Zu ihnen gehörten Generalleutnant a.D. Adolf Heusinger und Generalleutnant a.D. Gerd von Schwerin. Durch Hinzuziehung weiterer früherer Militärs wurden so erste Vorstellungen für deutsche militärische Kräfte zur Abwehr von Angriffen aus dem sowjetischen Machtbereich ausgearbeitet.

2   Adolf B. H. Ernst Heusinger (1897-1982) war Soldat in der kaiserlichen Armee, der Reichswehr und in der Wehrmacht, in der er bis zum Generalleutnant aufstieg. Als Mitwisser der Widerstandspläne war er 1944 kurzzeitig in Gestapo-Haft. Nach dem Krieg stand er unter alliierter Aufsicht und sagte mehrmals als Zeuge in den Nürnberger Prozessen aus. Ab Ende 1950 war er Berater des Bundeskanzlers Adenauer für die Petersberg-Gespräche mit den Alliierten und für den Kontakt mit der NATO-Generalität. 1952 wurde Heusinger Leiter der Militärischen Abteilung im Amt Blank. 1955 wurde er als Generalleutnant in die Bundeswehr übernommen; von 1955-1957 war er Vorsitzender des Militärischen Führungsrates und anschließend der erste Generalinspekteur der Bundeswehr.

Hans Speidel (1897-1984) war seit 1914 Soldat, promovierte 1925 in Geschichte und Volkswirtschaft und wurde in der Reichswehr Generalstabsoffizier, in der Wehrmacht 1944 Generalleutnant. Nach dem 20. Juli 1944 wurde Speidel als Mitwisser und Attentatshelfer verhaftet, vor dem Volksgerichtshof angeklagt und (ohne Verhandlung) bis Kriegsende in Haft gehalten. Im Januar 1951 wurde Speidel in das Amt Blank berufen, war bis 1954 deutscher Chefdelegierter bei den Verhandlungen zur Bildung der Europäischen Verteidigungsgemeinschaft und nach deren Scheitern 1954/55 Delegationsleiter bei den Verhandlungen zur Aufnahme der Bundesrepublik in die NATO. In die Bundeswehr wurde er am 12.11.1955 als Generalleutnant übernommen; im Verteidigungsministerium war er Abteilungsleiter Gesamtstreitkräfte.

Generaloberst a. D. Günther Rüdel (1883-1950) war bis zu seiner Verabschiedung 1942 Inspekteur der Flakartillerie und des Luftschutzes. Nach ihm war bis zu ihrer Umbenennung 2000 die Kaserne der Heeresflugabwehrschule in Rendsburg benannt.

Generaloberst a.D. Franz Halder (1884-1972) war von September 1938 bis September 1942 Chef des Generalstabes des Heeres. Nach dem Krieg arbeitete er von 1946 bis 1961 als Leiter der deutschen Abteilung der kriegsgeschichtlichen Forschungsgruppe der United States Army, der Operational History (German) Section der Historical Division in Königstein im Taunus.

Alfred Zerbel (1904-1987) kam 1945 als Oberst bis 1949 in amerikanische Kriegsgefangenschaft und wurde Mitarbeiter der Operational History (German) Section der Historical Division der United States Army. 1956 wurde er als Oberst in die Bundeswehr eingestellt. Nach mehreren Kommandeursverwendungen war er als Generalleutnant 1959-1964 zweiter Inspekteur des Heeres.

3   Es ist das Verdienst von Oberst a.D. Klaus Michler (1935-2014) als ehemaliger Inspizient der HFlaTr die frühe Geschichte der Truppengattung in den Archiven recherchiert und beschrieben zu haben (siehe auch „Flugziel auf Kurs" S. 3 ff.).

4   Mit der Überführung aller Verbände und Waffensysteme am 01.07.1961 vom Heer in die Luftwaffe endete auch die strukturelle Verbindung innerhalb der Flugabwehr.

5   Beginnend ab 1968 bis 1975 wurden die Flugabwehrzüge der motorisierten Regimenter und der Panzerregimenter der Divisionen auf Flak-Panzer ZSU-23-4 umgerüstet.

6   Mitte der 70er Jahre wurden die Flak-Regimenter der Divisionen und der Militärbezirke (Ebene Armeekorps), die mit der 57 mm und 100 mm Flak ausgerüstet waren, zu FlaRak-Regimentern mit den FlaRak-Systemen KRUG, Kub oder Ossa AK umgerüstet. Die Flak-Züge der Fla-Raketenbatterien dieser Verbände verfügten über je einen Flak-Zug mit je zwei 23 mm Zwillingsflak ZU 23-2. Nach der Auflösung der Verbände wurden die noch verfügbaren 924 Geschütze Zwillingsflak ZU 23-2 größtenteils an Griechenland als Militärhilfe abgegeben.

7   Die Heeresflugabwehrtruppe verfügte über 11 Regimenter mit dem Waffensystem FlakPz Gepard in den Divisionen, auf Korpsebene über drei Regimenter mit dem Flugabwehrraketenpanzer Roland auf dem Fahrgestell des Schützenpanzers Marder und sechs gekaderten Bataillonen mit der Flak 40 mm L 70 sowie einem gemischten Fla-Lehrbataillon an der Heeresflugabwehrschule in Rendsburg.

Die Luftwaffe umfasste sechs Bataillone, die seit Mitte der 1980er Jahre vom faktisch kaum mobilen Waffensystem Nike-Hercules auf das mobile Waffensystem PATRIOT umgerüstet wurden. Hinzu kamen neun Bataillone HAWK sowie drei Bataillone mit dem Raketensystem Roland auf Radfahrgestell (FlaRakRad) zum Schutz deutscher und amerikanischer Flugplätze. Das System FaRakRad Roland wurde auch in der Marine in drei Staffeln zum Schutz ihrer Flugplätze eingesetzt.

Nicht zu vergessen sind die zahlreichen Flugabwehrkanonenbatterien, die als überwiegend gekaderte Staffeln im Verteidigungsfall mit mehr als 1.000 Zwillingsflaks 20 mm den Schutz der Flugplätze sowie anderer wichtiger Anlagen hätten übernehmen müssen. Die prominenteste dieser Batterien war dabei sicherlich die 5. Kompanie des Wachbataillons beim Bundesministerium der Verteidigung, die für die Sicherung des Ausweichsitzes der Verfassungsorgane des Bundes („Regierungsbunker") im Ahrtal vorgesehen war.

8   Die geforderte taktische Überlappung der Wirkungsbereiche bedingte eine weiträumige Dislozierung der Friedenseinsatzstellungen für die einzelnen Nike- und HAWK-Einheiten der Luftwaffenverbände. Dadurch verfügten alle Verbände neben

dem Stationierungsort des Bataillons über zahlreiche kleinere Liegenschaften, in denen einzelne Batterien stationiert waren.

9   Ab 1992 fand eine schrittweise Umgliederung der HAWK-Verbände und der Aufwuchs des 31er-Verbandes auf 6 Einsatzstaffeln statt. Im Zuge seiner Verlegung nach Mecklenburg-Vorpommern und einer generellen Neustrukturierung der FlaRak-Kräfte der Luftwaffe wurde das FlaRakBtl 31 mit einem Indienststellungsappell in Sanitz durch den Bundesminister der Verteidigung Volker Rühe 1993 in Flugabwehrraketengruppe 31 umbenannt. Mit Abgabe des HAWK-Gerätes 2002 erfolgte die Übernahme des Waffensystems PATRIOT von einem Verband aus Nordrhein-Westfalen und die Umbenennung in FlaRakGrp 21.

10 Die Raketen Nike Zeus wurden in mehreren Versionen im US-Raketenabwehrsystem als ABM genutzt, sind aber nicht in der Bundeswehr eingesetzt worden.

11 Bis zum Ausscheiden Frankreichs aus der NATO-Integration 1966 waren auch zwei französische Nike-Bataillone im Südwesten Deutschlands in den FlaRak-Gürtel eingebunden. Die entstandene Lücke wurde nur zum Teil durch benachbarte US-Verbände ausgeglichen.

Von den drei Bataillonen der Niederlande (3., 5., 12. GGW) waren zwei HAWK-Verbände südlich Hannover und ein Nike-Verband im Raum Vörden-Handorf-Münster eingesetzt; die beiden belgischen Nike Verbände standen in jeweils 4 Stellungsbereichen zwischen Grefrath und Düren, während zwei HAWK-Verbände südlich des Weserberglandes stationiert waren. Die US-Army hatte zum Schutz ihrer Einsatzräume und Basen in Rheinland-Pfalz und Süddeutschland sechs HAWK-Bataillone (ADA 2-1, 2-56, 3-71, 4-6, 5-6, 1-67) mit je 4 Batterien im Großraum Bitburg-Darmstadt-Pirmasens-Kornwestheim disloziert.

12 Die nuklearen Gefechtsköpfe W-31 der Nike-Hercules entfalteten wahlweise verschiedene Sprengkraftäquivalente im Bereich 2 – 4 kT TNT. Durch eine Modifikation der Zündketten konnten die Nike-Hercules auch als taktische Nuklearwaffen gegen Bodenziele eingesetzt werden.

13 Deutschland, Belgien, Frankreich, Italien und die Niederlande gründeten 1959 die „NATO Hawk Production and Logistic Organisation" (NHPLO) und richteten im Pariser Vorort Rueil-Malmaison das „NATO HAWK Management Office" (NHMO) ein, das amtsseitig den Nachbau vorbereitete, die Aufteilung der Arbeits-und Finanzpakete im Gleichgewicht zum Auftragsanteil jedes Partnerlandes festlegte und die Lizenzfertigung steuerte. Industrieseitig wurde in Paris von den beteiligten nationalen Leitfirmen die „Société Européenne de Téléguidage" (SETEL) als Generalunternehmer gegründet. Als deutsche Leitfirma fungierte AEG-Telefunken, Ulm. Jedes Land war für ein komplettes Gerät des Systems oder mehrere zuständig; die Endabnahme erfolgte für Waffensystem- und Bodengeräte in Italien, für Flugkörper in Deutschland, Frankreich und Italien. Später traten auch Griechenland, Spanien und Dänemark der NHPLO bei.

14 Die Zusammenarbeit mit der GSSD war häufig durch Spannungen belastet, wenn Verbindungen unterbrochen waren und die Störungsbeseitigung sich durch

Desinteresse der Sowjets verzögerte, sodass die Vorgaben des DHS zu Lasten der deutschen Kräfte nicht erfüllt werden konnten. Darüberhinaus beklagten die deutschen Soldaten die oft mangelnde Information und Wertschätzung als Bündnispartner.

15   Die Alarmierungsvorgaben waren strikt und erforderten einen permanenten Betrieb der Luftraumüberwachungssensoren durch die Funktechnischen Truppen. Die Startkomplexe und Feuerleit-Gefechtsstände waren ständig in Betrieb. Im Alarmfall sollte ein Flugkörper innerhalb von 4 – 8 Minuten gestartet werden können.

16   Im Dezember 1988 war parallel zur Ausbildung in Prangendorf der Ausbau der Feuerstellung der FRA 4351 in Retschow (Mecklenburg) unter größter Geheimhaltung begonnen und Anfang 1989 dort die Raketentechnik angeliefert worden. Im Mai/Juni 1989 fand ein erstes Erprobungsschießen auf schnellfliegende Ziele im Rahmen der Truppenübung „Elbe-89" statt. Die FRA 4351 ist mit dem System S 300 nicht in das DHS eingebunden worden.

17   Im Militärbezirk III waren dem FlaRakRgt 3 „Kurt Kresse" unterstellt: das FlaRakRgt 4 in Erfurt, das FlaRakRgt 7 in Zeithain, das FlaRakRgt 11 in Weißenfels. Im Militärbezirk V gehörten zum FlaRakRgt 5 „Bernhard Bästlein" das FlaRakRgt 1 in Brück, das FlaRakRgt 8 in Stern Buchholz, das FlaRakRgt 9 in Karpin.

18   Ein Beispiel ist Griechenland, das 38 Systeme Ossa 9K33M aus dem Bestand der NVA übernommen hat.

19   Die Flak S 60 war in allen Staaten des Warschauer Paktes, in Finnland, auf Kuba und in mindestens 42 Staaten Afrikas und Asiens in Einsatz. In einigen Ländern wird sie auch heute noch genutzt oder als Reserve vorgehalten. In Polen und China ist sie in Lizenz produziert worden.

20   Die Aufstellung der Flakregimenter der MSD/PD mit vier Batterien wurden mit Befehl 1/56 durch den Minister für Nationale Verteidigung vom 10.02.1956 angewiesen, die Umgliederung in Flakabteilungen mit zwei S 60 Batterien und einer FlakSFL Batterie ZSU 57/2 erfolgte dann mit Befehl 58/61 vom 01.10.1961. Mit Befehl 139/71 vom 01.12.1971 wurden erneut Flakregimenter mit vier S 60 Batterien aufgestellt.

21   Der PT-76 war ein leicht-gepanzertes, schwimmfähiges Kettenfahrzeug, der in den meisten WP-Armeen und in über 25 Länder genutzt und meist in Aufklärungseinheiten eingesetzt war. Sein Fahrgestell wurde als Basis für mehrere weitere Kettenfahrzeuge als Artillerieträger und für Führungsfahrzeuge modifiziert.

22   Die NVA verfügte über insgesamt 116 FLA-SFL ZSU 23/4, davon 96 in den 24 Regiments-Fla-Batterien und 20 konserviert als Mobilmachungsbestand in 5 FLA-SFL-Batterien.

23   Die Batterien verfügten über eine bewegliche Befehlsstelle PU-12, eine Funkmesswerkstatt KRAS-1RSch auf Lkw mit zusätzlichem Elektroaggregat, einen Lkw mit Ersatzteilen, Werkzeugen und Zubehör sowie vier Munitionstransport- und Ladefahrzeugen.

168

24   Gefechtsköpfe in Continuous Rod Technologie (neu: Expanding Rod) sind für
      Flugabwehrwaffensysteme entwickelte Gefechtsköpfe mit gerichteter Splitterwirkung.
      Sie entwickeln ihre besondere Wirkung durch eine optimierte Formgebung der
      Splitterstäbe und einer speziellen Paketbildung.

25   Ein Ramjet-Motor ist ein Staustrahltriebwerk, das bei Überschallgeschwindigkeit den
      Schub allein durch Kompression der zugeführten Luft ohne drehende Verdichter
      erzeugt.

26   Bei der Auflösung des FRR 3 in Hohenmölsen Ende 1990 mussten 237 Raketen,
      53.000 l Raketentreibstoff, 2.000 infanteristische Waffen, mehr als 600.000 Schuss
      Munition verschiedener Kaliber, 1,5 t Sprengstoffe und 380 t sonstige Versorgungs-
      güter entsorgt bzw. anderweitig verwendet werden. Das Material war zu großen Teilen
      auf über 800 Kraftfahrzeugen und Lkw mit Anhängern auf dem Kasernengelände in
      teilweise unmittelbarer Nähe zu Wohnanlagen gelagert.

27   Die Zahl der verfügbaren Zielkanäle gibt die Zahl der gleichzeitig bekämpfbaren
      Flugziele an.

28   Der Einsatz des Systems Kub ist mit mehreren Abschüssen in Israel im Jom Kippur
      1973, im Libanonkrieg 1982, durch Libyen im Tschad in den 1980er Jahren, im 2.
      Golfkrieg 1990 im Irak und in Bosnien 1995 belegt. Truppenteile der NVA waren in
      den Kriegen nicht eingesetzt.

29   Die häufig genutzte Schreibweise „Osa" für das System 9K33 folgt der russischen
      Bezeichnung Oca (Wespe). In der NVA wurde entsprechend der Aussprache der
      russischen Bezeichnung in Schriftstücken und Publikationen „Ossa" geschrieben.

30   Das Regiment gliederte sich in eine Führungsbatterie, eine Technische Batterie und
      eine Instandsetzungsbatterie.

31   Eine FlaRak-Batterie verfügte über
      -    eine Automatisierte Führungsstelle PU-12M auf mod. SPz BTR-60,
      -    vier Start-und Leitstationen 9A33,
      -    zwei Transport- und Ladefahrzeugen 9T217,
      -    einer Prüf- und Abstimmbasis MTO auf Lkw ZIL-131, und
      -    einen Werkzeug- und Ersatzteil-Lkw ZIL 131.

32   Die Führungsbatterie verfügte über
      -    eine Automatisierte Führungsstelle PU-12M auf mod. SPz BTR-60,
      -    eine Radaranlage P-40 (NATO-Code: Long Track),
      -    eine Radaranlage P-19 (NATO-Code: Flat Face B),
      -    eine Radaranlage P-18 (NATO-Code: Spoon Rest D) und
      -    ein Höhenmessradar PRW-16 (NATO-Code: Thin Skin).

33   Die Entwicklung des TÜR, Tiefflug-Überwachungsradar, sah die Realisierung einer
      2D-Radaranlage (MPDR 3002-S) mit elevierbarem, zweifach geteilten Antennenmast
      auf einem modifizierten Fahrgestell des SPz Marder vor. Die Erprobung der
      Versuchsmuster zeigte jedoch erhebliche Mängel bei der Erstellung eines einheitlichen
      Luftlagebildes, die bei der Vernetzung und Weitergabe der Aufklärungsergebnisse

auftraten. Prototypen des TÜR befinden sich aktuell im musealen Bestand der
Bundeswehr.

34   Bereits 1958 hatte die Entwicklung eines 30 mm Flakzwilling auf dem Fahrgestell des
      SPz HS 30 und später auf Trägern, aus denen der SPz Marder entstand, begonnen.
      Diese Entwicklungen erwiesen sich jedoch alle als unbrauchbar, besonders auch
      wegen der hohen Turmgewichte. Ab 1967 wurden daher Studien über die Eignung
      der Kampfpanzerfahrgestelle (zunächst KPz 70 und dann Leopard) durchgeführt und
      mehrere Flakpanzer-Entwürfe erarbeitet, u. a. von Bofors mit einem 40 mm Zwilling.

35   Der Systemvergleich erfolgte zwischen der Rheinmetall-AEG-Porsche Entwicklung
      30 mm Matador und dem Konzept 35 mm der Schweizer Firmengruppe Oerlikon-
      Contraves-Albis. Obwohl das 35 mm Konzept wegen des damals unüblichen Kalibers
      zunächst abgelehnt wurde, ergaben taktisch-technische Konzeptvergleiche der
      Truppengattung und Vergleichsuntersuchungen der IABG sehr frühzeitig, dass das 35
      mm Konzept ein geringeres Entwicklungsrisiko und deutliche Vorteile aufwies. Die
      Auswahlentscheidung im BMVg bedeutete auch die Einstellung der Matador
      Entwicklung.

36   Insgesamt wurden acht Prototypen unterschiedlicher Technologie und Ausrüstung
      erprobt und für die Serienreifmachung des Gesamtsystems bei Oerlikon Contraves
      genutzt. Als Generalunternehmer für die Serienfertigung war Krauss-Maffei
      verantwortlich.

37   Die Kampfwertsteigerung wurde mit der Entwicklung des FlakPz 2 realisiert und zu
      einem qualifizierten Entwicklungsabschluss gebracht, aber nach dem Zerfall des
      Warschauer Paktes nach 1990 nicht eingeführt. Stattdessen wurde ein reduziertes
      Verbesserungsprogramm als Nutzungsdauerverlängerung (NDV) ab 1997 an 147
      FlakPz (FlakPz 1A2) durchgeführt.

38   Belgien sah sich gezwungen, seine FlakPz ab 1994 auszusondern. da eine Beteiligung
      an der NDV aus Haushaltsgründen nicht möglich war. Die Niederlande führten zwar
      die NDV an 60 ihrer FlakPz durch, stellen aber auch diese ab 2005 im Zuge einer
      Strukturreform außer Dienst.

      Im Zuge seiner Annäherung an den Westen hat Rumänien ab 1998 von Deutschland
      43 FlakPz des 1. Loses übernommen und mit diesen ein Bataillon aufgestellt.

39   Am 12. März 2012 stellte der Inspekteur des Heeres, Generalleutnant W. Freers, im
      Rahmen eines feierlichen Appells auf dem Flugabwehrschießplatz Todendorf die
      Heeresflugabwehrtruppe außer Dienst.

40   Nach der Teilnahme deutscher Rüstungsexperten an Versuchsschießen der
      französischen Industrie im algerischen Colombe Bechar wurde festgestellt, dass der
      französische Flugkörper SABA und das deutsche System P 250 als Basis einer
      gemeinsamen Entwicklung geeignet waren.

41   Am 19.10.1964 wurde der erste Regierungsvertrag zur Entwicklung des
      Klarwettersystems geschlossen, der schrittweise durch zahlreiche Zusatzabkommen
      ergänzt wurde. Zugleich vereinbarten die Firmen Nord-Aviation und Bölkow eine

Kooperation, aus der später der bilaterale Hauptauftragnehmer Euromissile CIE hervorging. Unterhalb der nationalen Beschaffungsbehörden wurde eine amtsseitige Managementorganisation mit einem Direktions-/Lenkungsausschuss an der Spitze und zahlreichen nachgeordneten Fachgruppen geschaffen. Als bilaterales Ausführungs- und Koordinationsamt wurde 1970 das „Bureau de Programmes Franco-Allemand" in Rueil-Malmaison bei Paris eingerichtet.

42   Die U.S.-Army unterzog ab 1973 die europäischen Systeme Rapier, Crotale und Roland zusammen mit der US Entwicklung Chaparral einer eingehenden Vergleichserprobung und entschied sich nach zweijähriger Auswertung für Roland. Das trilaterale MoU war 1975 die Grundlage zur Schaffung einer trilateralen Programm-Leitungsorganisation; es schrieb vor, dass die gesamte Technik zu amerikanischen Firmen, insbesondere den Konzernen Hughes und Boeing, transferiert werden musste.

43   Die Übernahme der europäischen Zeichnungssätze und Normen (im metrischen System) bedeutete für die amerikanische Industrie einen erheblichen Mehraufwand, der schließlich zur Überschreitung des vom Kongress gebilligten Kostenrahmens führte und den Beschluss zur Beendigung des Programms beschleunigte. Zu diesem Zeitpunkt waren bereits ca. 30 Vorserienanlagen und 595 Flugkörper ausgeliefert worden. Die Waffenanlagen wurden nun statt auf den ursprünglich vorgesehenen Kettenfahrgestellen M 109 als Shelter auf Lkw 5 t verlastet. 27 dieser Systeme wurden bei 200 ADA Btl NG NM, Albuquerque, zusammengefasst und mehrere Jahre als Rapid Deployment Force weltweit erfolgreich eingesetzt.

44   Die Verlegung von sechs FlaRakRad Roland der 4./FlaRakGrp 42 aus Heidenrod-Kemel zum Schutz der Alpha-Jet des JaboG 43 auf dem türkischen Fliegerhorst Erhac im Januar 1991 war nur mit amerikanischen Großraum-Transportmaschinen möglich. Diese Abhängigkeit war nicht hinnehmbar und führte zur Entwicklung und Lieferung des leichteren und schmaleren Shelters FlaRakRad Roland lvb (CAROLA: Cabine Roland Allemand) nach dem Vorbild der französischen Version CAROL (Cabine Roland).

45   Die Truppenverwendbarkeit konnte endgültig jedoch erst 2002 in allen Einsatz-situationen nachgewiesen werden. Überraschend erforderten Probleme beim Be- und Entladen der Transall C-160 aufwändige konstruktive Änderungen am Fahrgestell der Lkw 7 t; die Funktion der Waffenanlagen war nicht eingeschränkt.

46   Mit der Kampfwertsteigerung war eine umfassende Leistungssteigerung geplant: Einführung einer dritten, passiven Betriebsart, eines neu konzipierten Bedien- und Kontrollsystems (BKS) mit zusätzlichen Funktionen bei der Systemprüfung und Materialerhaltung, die Anbindung an Aufklärungs- und Führungssysteme, die Einführung eines leistungsgesteigerten Flugkörpers und der Ersatz alter Komponenten zur Verbesserung der Verfügbarkeit und Einsatzdauer. Im Rahmen der NDV sollten Entwicklungsergebnisse BKS und Maßnahmen zur Verbesserung der Verfügbarkeit und Einsatzdauer eingeführt werden. Dieses Paket wurde zwar von der Leitung BMVg gebilligt, Haushaltsmittel konnten gleichwohl nicht bereitgestellt werden.

47   Bei der Luftwaffe und Marine wurden insgesamt 21 FGR eingesetzt. Nach der Außerdienststellung der FlaRakRad Roland wurden fünf FGR für den Bedarf in der Heeresflugabwehrtruppe an das HFlaAFüSys angepasst und als Nahbereichsradar (NBR) weiterverwendet.

48   Das Abkommen ist auf deutsche Initiative verhandelt worden und gilt als beispielhaft für einen gelungenen beiderseitigen Interessenausgleich. Es wurde am 06.12.1983 von den Verteidigungsministern Dr. Manfred Wörner und Caspar Weinberger unterzeichnet und erfüllte zugleich die deutschen Kompensationsforderungen bei der Beschaffung des Systems PATRIOT. So konnte auch der Schutz der Flugplätze in Mitteleuropa, insbesondere der US-Basen, vereinheitlicht werden.

Die Vereinbarungen zu Roland besagten, dass Deutschland mit 27 Feuereinheiten FlaRakRad Roland und Personal für die Dauer von 10 Jahren drei US-Basen schützt, 60 Feuereinheiten für den Schutz deutscher und acht gemeinsam genutzter Basen und weitere Waffenanlagen für die Ausbildung und als Kreislaufreserve beschafft. Zusätzlich waren die Staffeln mit Flugabwehrgefechtsständen zur Feuerleitung und Koordination auszustatten. Im Bezug auf PATRIOT wurde vereinbart, dass Deutschland mit Luftwaffenpersonal 10 Jahre lang 12 PATRIOT-Feuereinheiten betreibt, die im Besitz der USA blieben. Die USA lieferten Deutschland weitere 14 Feuereinheiten, davon zwei für die Ausbildung und als Reserve. Mit Ablauf des Vertrags nach 10 Jahren hat die Luftwaffe dann alle Feuereinheiten übernommen.

49   Als erste PATRIOT-Verbände war im April 1987 die Aufstellung der FlaRak-Geschwader 21 und 23 begonnen worden. Der Kommodore des FlaRak-Geschwaders 21 konnte am 15.06.1989 in München das erste System PATRIOT in deutscher Konfiguration übernehmen.

Mit der Umrüstung auf das Waffensystem PATRIOT, der Entwicklung des SAMOC und des Cluster-Gedankens erhielten die FlaRak-Verbände auch neue Organisationsstrukturen und damit in einer mehrjährigen Übergangsphase neue Bezeichnungen. Batterien nennen sich seither Staffeln, Bataillone wurden Gruppen und die Regimenter wurden in Anlehnung an die Organisation fliegender Verbände als Geschwader bezeichnet. Die bisherige Geschwaderebene wurde als FaRakKdo bezeichnet, das mit Hilfe des SAMOC den taktischen Clustereinsatz aller unterstellten Geschwader und der zugeordneten Roland-Gruppen führte.

50   Die Unterscheidung von KRK- und HVK-Kräften führte jedoch zur Wahrnehmung einer Zwei-Klassen-Armee, da die KRK-Kräfte z. B. bei der Materialausstattung eine höhere Priorität als HVK-Truppen genossen. Da selbst innerhalb von Brigaden, Geschwadern und Regimentern unterschiedliche Zuordnungen bestanden, wäre kein Großverband mehr für einen geschlossenen Einsatz geeignet gewesen.

51   Letztendlich führten Kosten und Zeitprobleme dazu, dass das System PATRIOT in Zentraleuropa nur noch von den Niederlanden eingeführt wurde, die 1987 der NATO eine erste Einheit unterstellten.

52   Das PATRIOT Peculiar Equipment (PPE) besteht aus der Engagement Control
         Station (ECS), dem Information and Coordination Central (ICC), dem Radar Set (RS)
         und der Launching Station (LS).

53   Das Radar wurde mit der Typbezeichnung AN/MPQ-53 eingeführt und wird seit
         einer umfassenden Modernisierung im Zuge des PAC-3-Configuration-3-Upgrade als
         AN/MPQ-65 bezeichnet.

54   Das „Track-via-Missile" (TVM) Verfahren ist eine Kombination aus halbaktiver
         Radarlenkung (Semi-Active Radar Homing) und Funkfernsteuerung des
         Lenkflugkörpers.

55   In der deutschen Luftwaffe werden aus Gewichtsgründen nur 8 LFK PAC-3
         mitgeführt, um das zulässige Gesamtgewicht des Trägerfahrzeugs nicht zu
         überschreiten.

56   Die Voruntersuchungen für das geforderte System fielen zusammen mit einer
         Neuordnung des Rüstungsbereichs im BMVg und einer Neuregelung der
         Beschaffungsverfahren. Dadurch konnte im Vorhaben LeFlaSys eine konsequente
         Vorgehensweise umgesetzt werden, die u.a. die Integration marktverfügbarer
         Komponenten unter Verzicht auf Neuentwicklungen, eine mehrstufige Bewertung
         der angebotenen Lösungsvarianten und die Festsetzung eines Marktpreises im
         Wettbewerb umfasste. Gleichzeitig erfolgte die Auswahl des Konzeptes und des
         gesamtverantwortlichen Auftragnehmers für die Beschaffung der Versuchsmuster
         sowie die Vereinbarung einer verbindlichen Option für die Beschaffung der Serie als
         Gesamtpaket nach parlamentarischer Billigung.

57   Im Juli 1995 konnte mit der Arbeitsgemeinschaft STN ATLAS Elektronik GmbH
         und Wegmann & Co. GmbH der Vertrag zur Lieferung der Truppenversuchsmuster
         und die Option des Gesamtumfangs der Serie geschlossen werden. Dieser umfasste
         die gesamte Ausstattung für drei Batterien mit allen Fahrzeugen, Ausbildungsgeräten,
         der Ersatzteil-Erstausstattung und einer Unterstützung in der Einführungsphase. Im
         Dezember 1996 wurden erste Versuchsmuster ausgeliefert; die Technische Erprobung
         und Truppenversuche lieferten die Basis für die Billigung der
         Einführungsgenehmigung 1997. Die Übergabe des Systems an die Truppe erfolgte im
         Juni 2001 an der Heeresflugabwehrschule in Rendsburg.

58   Helicopter & Airplane Radio Detection Radar der Fa. Ericsson Microwave Systems
         AB

59   Die Fahrzeuge BF und UF werden aktuell gemeinsam als „FlaFührungs-Wiesel"
         bezeichnet.

60   In der Basisversion sind LFK Stinger adaptiert. Nach der Übernahme von LFK Igla
         (SA-16 Gimlet) aus Beständen der NVA wurden nach 1998 auch diese Flugkörper an
         mehreren Waffenträgern adaptiert und später beim Schulschießen eingesetzt. Die
         Technik der Waffenplattform ermöglicht auch die Adaption sowohl von anderen
         „Fire-and-Forget" Flugkörpern (Mistral) als auch von „Beam-Ridern" (RBS 70). Die

eingeleitete Entwicklung eines in der Endphase selbstsuchenden Flugkörpers mit
„Top-Attack"-Fähigkeit ist nicht zur Einführung gekommen.

61   Die AHEAD-Munition (Advanced Hit Efficiency And Destruction) ist eine Air Burst
Munition, die von Rheinmetall Air Defence entwickelt worden, für verschiedene
Kaliber verfügbar und in der NATO zertifiziert ist. Die Munition wirkt durch die
kinetische Energie einer programmiert ausgelösten Wolke von Subprojektilen; sie ist
keine Streumunition. Sie wird auch als KETF-Munition (Kinetic Energy Time Fuze)
bezeichnet.

62   Die HFlaTr erhielt 1989-1991 sieben Geräte, die zusätzlich befähigt wurden, im
Rahmen HFlaAFüSys zur Feuerleitung geeignet zu sein.

63   Nach Abbruch der Entwicklung eines Tieffliegerüberwachungsradars TÜR auf dem
Fahrgestell des SPz Marder wurde geprüft, die Radaranlage in einem Shelter zu
installieren (TÜRIS), was aber aus operationellen Gründen negativ bewertet wurde.
Dieser Konstruktionsvorschlag wurde jedoch später zur Grundlage der Entwicklung
des Flugabwehrgefechtsstandes Roland (FGR).

64   Zum Einsatz in der Truppe sind drei FGR gekommen, die mit der bis dahin
aktuellen, ausgelieferten Version HFlaAFüSys modifiziert wurden.

Museen und Sammlungen mit Exponaten der bodengebundenen Flugabwehr und Luftverteidigung

Dargestellt sind frei zugängliche Museen und Sammlungen. Sammlungen und Objekte, die sich an nicht öffentlichen Orten befinden (z.B. auf dem Flugabwehrschießplatz in Todendorf) sind nicht aufgeführt. (Alle Angaben Stand 2020)

<u>Legende:</u>

A – I	Museum / Sammlung gem. Anhang		
1	Skysweeper	7	S 60
2	M16	8	SFL 57-2
3	M42	9	Schilka
4	L70	10	Strela 10/Gopher
5	Nike	11	Krug
6	HAWK	12	Kub
17	Gepard	13	Ossa
18	Roland	14	Dwina/Wolchow
19	PATRIOT	15	Newa
20	LeFlaSys	16	Vega
21	MANTIS	23	Fla-MG 12,7 mm
22	Rh 202/-LAAG	24	Fla-MG 14,5 mm ZPU-2/4
26	Redeye	25	ZU 23-2
27	Stinger	28	Strela
30	TPS 1E	29	Igla
31	LÜR	32	Radar-/Feuerleitgeräte Ost

Militärhistorisches Museum der Bundeswehr Dresden

Das Militärhistorische Museum der Bundeswehr (MHM) in Dresden ist seit 1994 das zentrale Museum der Bundeswehr. Untergebracht im ehemals sächsischen Arsenalgebäude des 19. Jahrhunderts beherbergt es heute nach dem umfassenden Umbau durch den amerikanischen Architekten Daniel Libeskind eines der vier großen Geschichtsmuseen Deutschlands und ist auch eines der größten militärhistorischen Europas. Es präsentiert die deutsche Militärgeschichte und ihre wechselvolle Beziehung zur Geschichte der Gesellschaft im europäischen Kontext. Gleichzeitig ist es Leitmuseum der über 100 Lehr- und militärhistorischen Sammlungen und Ausstellungen im Geschäftsbereich des Bundesministeriums der Verteidigung und hat den Vorsitz in der Arbeitsgemeinschaft des Museumswesens der Bundeswehr inne. Das Spektrum der über 10.000 Exponate, seine Themenvielfalt, die Präsentation und sein Selbstanspruch, auch als gesellschaftliche Diskussionsplattform für das Thema Militär zu dienen, verleiht dem MHM einen Charakter, der weit über den eines rein technisch orientierten Museums hinausgeht. Das Museum stellt den Menschen in das Zentrum seiner Darstellung und geht der Frage nach den Ursachen und den Folgen von Krieg und Gewalt nach. Dabei lässt sich das Museum auf unterschiedliche Weise erschließen: Im Rahmen eines Themenparcours mit oft überraschenden Aspekten oder als chronologisch gegliederter Rundgang in den Altbauflügeln des Museums.

Seine Exponate zur Geschichte der militärischen Luftfahrt, zur Gewalt in der Luft und der Abwehr der Bedrohung aus der Luft hat das Militärhistorische Museum zum Großteil in seiner Außenstelle auf dem ehemaligen Flugplatz Berlin-Gatow konzentriert. Die im und am Haupthaus in Dresden ausgestellten Waffensysteme

176

geben beispielhaft einen Eindruck von den Flugabwehrfähigkeiten beider deutscher Armeen während des Kalten Krieges:

- FlakPz 1A2 Gepard
- ZSU 23-4 Schilka
- FlaRakPz Roland
- FlaRakSystem PATRIOT
- S 75 Dwina
- Fliegerfaust 2 Stinger

Im zum Museum gehörenden „Neuen Zeughaus" der ca. 35 km südostwärts von Dresden entfernt bei Pirna gelegenen Festung Königstein erwartet den Besucher ein 1:1-Herstellermodell eines Geschützes des Flugabwehrsystems MANTIS.

FlakPz Gepard
auf der 3.000 m² großen
Freifläche am Haupthaus

Militärhistorisches Museum der Bundeswehr
Olbrichtplatz 2, 01099 Dresden; Tel. 0351-823-2803
www.mhmbw.de - Informationen zur Dauer- und zu Sonderausstellungen
täglich geöffnet (außer Mi) 10.00 -18.00 Uhr; Eintrittspreise gestaffelt
Ermäßigungen und freier Eintritt bei Vorlage gültiger Nachweise

Außenstelle MHM Festung Königstein
Festung Königstein (Neues Zeughaus), 01824 Königstein
www.festung-koenigstein.de; Tel. 035021-64609
Im Sommerhalbjahr (01.05.-31.10.) täglich geöffnet 10.00 -18.00 Uhr
Eintrittspreis im allgemeinen Eintrittspreis der Festung enthalten

Militärhistorisches Museum der Bundeswehr Flugplatz Berlin-Gatow

Das Militärhistorisches Museum der Bundeswehr Flugplatz Berlin-Gatow ist das zentrale Museum für die Darstellung der militärischen Luftfahrt, der Gewalt in der Luft und der Abwehr der Bedrohung aus der Luft von den Anfängen bis heute. An einem historischen Ort der deutschen Luftfahrtgeschichte, der britischen Präsenz während des Kalten Krieges und der Vereinigung der deutschen Streitkräfte ist hier seit 1994 ein Großteil der militärischen Sammlungen der Luftwaffen beider deutscher Staaten vereint. Dabei versteht sich das Museum nicht als reines Technikmuseum, sondern will die Verflechtung von Militär, Politik und Rüstung verdeutlichen, die Folgen von Krieg und Gewalt nicht verschweigen und auf die Einwirkungen auf die Gesellschaft sowie auf die duale Nutzung der Technologien hinweisen. Das beeindruckende Areal und mehrere ehemalige Hangars umfassen über 200 Flugzeuge, Hubschrauber und Raketensysteme sowie zahlreiche historische Sachzeugnisse aus der Geschichte der Luftwaffe.

Der Schwerpunkt der Exponate zur Flugabwehr und Luftverteidigung besteht aus Systemen, Waffen und Geräten der Luftwaffe und der Luftverteidigungskräfte der NVA:

- FlaRakSystem Nike-Ajax und Nike-Hercules,
- FlaRakSystem HAWK,
- FlaRakSystem PATRIOT,
- Flak 40 mm L70 mit FLG D VII B,

- FlaRakRad Roland, FlaRakRad lvb und FGR Roland,
- S 75 Wolchow/Dwina,
- S 125 Newa,
- S 200 Vega,
- Fliegerabwehrwaffen und tragbare Lenkflugkörper

und die zu den Systemen gehörenden Radaranlagen, Fahrzeuge mit den Führungskabinen, sonstigen Kraftfahrzeuge und Geräte.

Fla-Raksysteme der Luftwaffe und der Luftverteidigung der Luftstreitkräfte der Nationalen Volksarmee auf dem Freigelände

Sammlung der Heeresflugabwehrtruppe

Die wehrtechnische Sammlung der Heeresflugabwehrtruppe ist an der Heeresflugabwehrschule Rendsburg als Lehrsammlung für die verwendungsbezogene
Ausbildung in der technischen Entwicklung der Waffen und Geräte der Flugabwehr
der deutschen Streitkräfte zusammengestellt worden. Nach der Aufgabe der
Feldwebel-Schmid-Kaserne in Rendsburg ist die Sammlung ab 2009 vorübergehend
nach Kiel in Hallen der Wehrtechnischen Dienststelle 71 verlagert und ihr Bestand
vom Militärhistorischen Museum der Bundeswehr übernommen worden. In Kiel ist
die Sammlung für alle militärischen und zivilen Besucher zugänglich.

Entsprechend des ursprünglichen Auftrags als Lehrsammlung wird die Entwicklung
der Flugabwehr vom Beginn der Bedrohung aus der Luft bis heute durch zahlreiche
Exponate präsentiert. Schwerpunkt der Sammlung ist die Ausstattung der
Heeresflugabwehrtruppe seit 1956. Eine Besonderheit sind dabei die zahlreichen
Prototypen und Versuchsmuster aus der Entwicklung und Auswahlerprobung des
Flak-Pz Gepard, aus der Vorserienerprobung des FlaRakPz Roland sowie aus der
Entwicklung von Radarträgern. Interessante Vergleichsmöglichkeiten bietet die
Ausstellung der Waffensysteme und Geräte - der „Kampftechnik" - der Truppen-
luftabwehr der Nationalen Volksarmee der DDR von 1956 bis 1990. Einen großen
Bereich umfassen auch Waffen, Fahrzeuge und Hilfsgeräte der früheren Flakartillerie
bis zum Ende des Zweiten Weltkrieges. In einem weiteren Hallenbereich finden sich

Exponate zur Fliegerabwehr, Fliegerfäuste, Luftwaffengerät sowie Bildertafeln, beginnend mit der Frühgeschichte der Luftfahrt und Flugabwehr, sowie zahlreiche Fahrzeuge mit spezieller Ausrüstung, die von der Flugabwehr genutzt worden sind.

Exponate: Skysweeper, M16, M42, L70 mit FLG D VII B,
FlakPz Gepard, FlaRakSys Roland (FRP, FRR, FGR),
leFlaSys WT Ozelot,
Rh 202, MG cal. 50, Flf 1 Redeye,
ÜberwRadar TPS 1E, LÜR,
S 60, SFL 57-2,
Schilka, Gopher, Krug, Kub, Ossa,
MG 14,5 mm ZPU-2/4, ZU 23-2, Strela 1, Igla.

Militärhistorische Ausstellung Flugabwehr
Ausstellung in der WTD 71 Kiel Ellerbek
Klausdorfer Weg 2-24, 24148 Kiel
Zutritt, Besuche und Führungen nur auf Anfrage und nach Absprache
Tel.: 04385-592303; Mail: fla-ausstellung@web.de

Wehrtechnische Studiensammlung der Bundeswehr

D

Die Wehrtechnische Studiensammlung der Bundeswehr (WTS) in Koblenz ist seit ihrer Gründung 1962 mit einer Ausstellungsfläche von 7.200 m² eine der größten technischen Sammlungen Europas. Sie gehört zum Bundesamt für Ausrüstung, Informationstechnik und Nutzung der Bundeswehr (BAAINBw) in Koblenz und dient der Aus- und Fortbildung von Fachkräften, zukünftigen Ingenieuren im Rüstungsbereich und Soldaten der Bundeswehr. Dementsprechend werden Wehrmaterial, Geräte, Ausrüstung und Uniformen ab dem frühen 19. Jahrhundert sowie dokumentierende Literatur gesammelt und präsentiert. Im Vordergrund steht die Entwicklung der Wehrtechnik der Bundeswehr, auch die Exponate früherer deutscher Armeen und der Nationalen Volksarmee der DDR sind entsprechende Zeugnisse.

Die Ausstellungschwerpunkte sind die international ausgerichtete Sammlung von Handfeuer- und Maschinenwaffen, Artillerietechnik und Munition, Flugkörpertechnik und Panzerabwehrwaffen, Rad- und Kettenfahrzeugen, Pionier- und Bergetechnik, Luftfahrzeug- und Marinetechnik, Fernmelde-, Elektronik- und optischem Gerät sowie persönlicher Bekleidung und Ausrüstung. Die Sammlung ist keine statische, historisch-museale Präsentation, sondern hat einen dynamischen, thematisch orientierten Charakter. So stellt die Studiensammlung bedarfsweise auch Anschauungsmaterial und Fachliteratur bei der Vorbereitung von Auslandseinsätzen der Bundeswehr bereit. Die WTS ist öffentlich zugänglich, sie gehört zum Museumsverbund der Bundeswehr.

Der Umfang der Sammlung zum Themenbereich landgestützte Luftverteidigung und Flugabwehr im Ausstellungsbereich und im Depot umfasst insgesamt mehr als 47 deutsche und internationale Exponate: vollständige Original-Waffensysteme auf Rad- und Kettenfahrgestellen, Systemkomponenten, Raketen, Zubehörteile und Modelle. Einzigartig und von besonderem Interesse sind Prototypen und Versuchsträger, darunter solche, die die Flugabwehr betreffenden Forschungs- und Entwicklungsarbeiten des BAAINBw (ehemals BWB) veranschaulichen.

Auszug aus der Liste der wesentlichen im Ausstellungsbereich zugänglichen Exponate:

M16, Flak 40mm L70, Maschinenkanonen 35 mm FlakPz Gepard,
Flak 20 mm, Fliegerabwehrwaffen,
LFK Nike-Ajax /Hercules, HAWK und HPIR, Schnittmodell LFK Roland,
Fla-MG 12,7 mm, Fla-MG 14,5 mm ZPU-2, Flak S 60,
TLB Redeye, Flf Strela, Komponenten Flf Igla,
LFK Dwina, Newa, Vega (Steuerteil), Krug, Kub

Anschauungsmodell Gurtkanone 35 mm KDA des FlakPz Gepard

Wehrtechnische Studiensammlung der Bundeswehr (WTS)
Mayener Str. 85-87, 56070 Koblenz-Lützel
Tel.: 0261-983692-1423; Internet: www.bundeswehr.de
täglich geöffnet (außer 24.12. – 02.01., Rosenmontag) 09:30 – 16:30 Uhr
Eintritt: 3,00 €, Mitführen Personalausweis/Pass erforderlich
freier Eintritt für Soldaten und Angehörige der Bundeswehrverwaltung

Deutsches Panzermuseum Munster

E

Seit 2016 ist ein Wort des Philosophen Walter Benjamin (1892-1940) am Eingang als Leitmotiv des Deutschen Panzermuseums zu sehen: „Wer aber den Frieden will, der rede vom Krieg!" Das Zitat aus einem Aufsatz von 1926 gegen einen unkritischen, heuchlerischen Pazifismus beschreibt den Ansatz des Museums, die Verknüpfung von Technik, Kultur und Gesellschaft deutlich zu machen und Militärgeschichte aus unterschiedlichen Perspektiven darzustellen. Das Museum ist aus der „Lehrsammlung für die verwendungsbezogene Ausbildung" der Kampftruppenschule 2/Panzertruppenschule Munster entstanden und wird heute als Geschichts- und Technikmuseum als eine gemeinsame Einrichtung der Bundeswehr und der Stadt Munster unterhalten. Im Zentrum der Ausstellung steht die Darstellung der Entwicklung der Panzer im 19. Jahrhundert und der deutschen Panzertruppe vom Ersten Weltkrieg bis heute. Die Darstellung der mechanisierten Gewalt ohne militärische Glorifizierung und ihre Auswirkungen auf alle Bereiche der Gesellschaft ohne Verharmlosung von Leid und Tod ist als zentrales Thema des 20. und 21. Jahrhunderts ein besonderer thematischer Fokus. Das Museum verfügt mit über 6.000 Exponaten in fünf Hallen auf 10.000 m² Ausstellungsfläche über einen repräsentativen Bestand von Fahrzeugen der kaiserlichen Armee, der Reichswehr, der Wehrmacht, der NVA und der Bundeswehr. Ein Teil der Fahrzeuge ist fahrbereit und wird bei Veranstaltungen, z.B. am ersten Wochenende im September, dynamisch präsentiert. Die Ausstellung wird komplettiert durch Handfeuerwaffen wie Gewehre, Pistolen, Büchsen und Blankwaffen, durch Uniformen, Orden und Ehrenzeichen, Ausbildungsgerät, Funkgeräten und Zieloptiken sowie militärischer Ausrüstung aller Art.

An Exponaten der Flugabwehr aus den Aufstellungsjahren der Bundeswehr bis heute sind zu sehen:

- die Flak 12,7 mm Vierling M16,
- die Flak 40 mm L60 ZwSF M42,
- FlakPz Gepard,
- FlaRakPz Roland,
- LL-Panzer Wiesel 2 Waffenträger Ozelot,
- FlgAbwKan 20mm Rh 202

Deutsches Panzermuseum Munster
Hans-Krüger-Straße 33
29633 Munster
Telefon: 05192-2552 – info@daspanzermuseum.de
Einlass: Januar-Mai: Di-So und Mo an Feiertagen: 10:00 - 17:00 Uhr
Juni-September: täglich und an Feiertagen: 10:00 - 17:00 Uhr

Flugplatzmuseum Cottbus

Das Flugplatzmuseum Cottbus stellt auf 40.000 m² Freifläche und in einer ergänzenden historischen Ausstellung eine der bedeutendsten Sammlungen der Region zur Geschichte des militärischen Flugwesens, der Flugplätze in der Lausitz und der in Cottbus und Umgebung stationierten Truppenteile dar. Eindeutiger Schwerpunkt des Museums ist die Präsentation von Kampfflugzeugen, neben vielen anderen fast alle Serienvarianten der MiG 21, die von der Luftverteidigung der ehemaligen NVA genutzt wurden und die ersten Einsatzmuster und Hubschrauber der Bundeswehr. Außerdem sind mehrere MiG 17 und MiG 23 im Bestand und neben Triebwerken, Teilen von Radaranlagen sowie Kampfmitteln und Kampfmittelträgern verschiedene Bodenhilfsmittel und ein umfangreicher Fuhrpark diverser Fahrzeuge.

Aus dem Bereich der bodengestützten Luftverteidigung und Flugabwehr sind eine Rakete S 75 Dwina mit Startrampe und ein Flak-Geschütz S 60 ausgestellt.

Flugplatzmuseum Cottbus
Fichtestraße 1, 03046 Cottbus
Tel.: 0355-32004; www.flugplatzmuseumcottbus.de
Öffnung: Di – So ab 10:00 Uhr (jahreszeitlich wechselnd)

Museum Stammheim

Das Museum für Militär- und Zeitgeschichte in Stammheim am Main in Unterfranken ist eines der größten themenbezogenen, privaten Museen Deutschlands und zeigt auf über 17.000 m² Freifläche und in mehreren Hallen über 250 Rad-, Ketten- und Luftfahrzeuge aus dem 19. und 20. Jahrhundert mit den Schwerpunkt Militärtechnik der beiden Weltkriege und des geteilten Deutschlands. Eine Besonderheit ist der originalgetreu nachgebaute Schützengraben mit Bunkeranlage aus dem Ersten Weltkrieg. Als regionale, zeitgeschichtliche Zeugen sind auch zivile Ausstellungsstücke, etwa eine alte Dorfschmiede, historisches Feuerwehrgerät und eine bäuerliche Küche aus dem 19. Jahrhundert, zu sehen.

Als Exponate aus dem Bereich Flugabwehr und Luftverteidigung sind vorhanden:
- Flak 40 mm L70 mit Feuerleitgerät D VII B,
- FlakPz Gepard
- Flugabwehrlenkflugkörper Nike-Hercules

Museum für Zeitgeschichte Stammheim
Maintalstraße 60, 97309 Stammheim / Gem. Kolitzheim
Tel.: 09381-9255; www.museum-stammheim.de
Öffnung: Fr – So, Feiertag 10.00 – 18.00 Uhr

MUNA-MUSEUM, Marktbergel

Das Museum des Vereins für militärische Heimatgeschichte Frankenhöhe e.V. befindet sich in der ehemaligen „Muna", der Lufthauptmunitionsanstalt 1/XIII, zeigt deren Geschichte, die des Flugplatzes Illesheim und erinnert an die Kriegsereignisse in Westmittelfranken. Die Ausstellung in den Hallen und auf dem Freigelände befasst sich auch mit der Nutzung der Anlage nach dem Krieg durch die U.S.-Army und die Bundeswehr, erinnert aber darüberhinaus an Schicksale von Fremdarbeitern, Zwangsverpflichteten, Soldaten und der Menschen der Umgebung im Zusammenhang mit der Muna. Die Exponate umfassen zahlreiche deutsche und US-Kampfpanzer, historische Kanonen und Fahrzeuge im Außenbereich sowie militärische Ausrüstungsgegenstände, Uniformen und Bilder in Hallen.

Von den beschriebenen Flugabwehrwaffensystemen sind zu sehen:
- Flugkörper der Raketensysteme Nike-Ajax und Nike-Hercules
- Abschussbehälter PATRIOT
- Transportanhänger mit Lenkflugkörper HAWK und Loader HAWK
- FlakPz Gepard
- FlaRakPz Roland

Muna-Museum Marktbergel, Munasiedlung 9, 91613 Marktbergel
www.muna-museum.de   Tel.: +09845-783
Öffnungszeiten: April – Oktober (Kontakt wird empfohlen)
Navigations Koordinaten: 49°25'30.0"N; 10°23'10,2"E

Sammlung der Reservisten-Arbeitsgemeinschaft Flugabwehr

Die Reservisten Arbeitsgemeinschaft Flugabwehr im Verband der Reservisten der Deutschen Bundeswehr e.V. ist eine Gruppe ehemaliger FlaRak-Soldaten, die eine Sammlung zusammengestellt hat, die eine nahezu vollständige Halbstaffel HAWK umfasst. Die Sammlung ist keine statische Ausstellung, sie will als „lebendes Museum" verstanden werden, das zu besonderen Anlässen wie bei Tagen der offenen Tür der Bundeswehr, militärhistorischen Ausstellungen, Treffen ehemaliger FlaRak-Angehöriger und vergleichbaren öffentlichen Veranstaltungen präsentiert wird. Untergebracht ist die Sammlung in der Schill-Kaserne in Wesel, ist dort aber nicht öffentlich zugänglich. In der Regel werden jährlich 3 - 4 Veranstaltungen im Großraum Niederrhein wahrgenommen, die im Internet auf der Website der Arbeitsgemeinschaft Flugabwehr veröffentlicht werden. Eintrittsgelder werden nicht erhoben.

Die Sammlung umfasst eine Feuerleit- und eine Abschussgruppe, bestehend aus
- Feuerleitstand (PCP) mit Freund/Feind-Kenngerät (IFF) und Waffenrechner (ADP),
- Dauerstrich-Erfassungsradar (CWAR),
- Feuerleitanlage (BCC),

- Lage- und Auswertezentrale (ICC),
- Impuls-Erfassungsradar (PAR),
- Entfernungsmessradar (ROR),
    - Dauerstrich-Beleuchtungsradar (HPIR),
    - Startgerät (LCHR) für 3 Lenkflugkörper (LFK),
    - Palettenanhänger (PAL) zum Transport von 6 LFK,
    - Ladefahrzeug (LDR),
    - Abschussgruppen-Verteilerkasten (LSCB)

sowie eine Kampfführungsanlage BOC/GEHOC und die zugehörigen Zugfahrzeuge, zwei Feldkanonen FK 20, MG auf Fliegerdreibein und Doppel-MG auf Zwillings-Sockel-Lafette.

Informationen: www.rag-flugabwehr.de
Kontakt: rag-flugabwehr@gmx.de

Helmut Schüler

Brigadegeneral
General der Heeresflugabwehrtruppe

Helmut Schüler wurde am 11. Juni 1915 in Louisdorf, Kreis Freystadt in Niederschlesien als einziges Kind von Erich Schüler und Babette Popp geboren. Er starb am 29. Dezember 2000 in Borghorst bei Münster.

Seine Jugend und Schulzeit erlebte Helmut Schüler in Potsdam, dort besuchte er die Oberrealschule. Er wurde Mitglied im Schülerbund, der später in der Hitlerjugend aufging, aus der er 1934 austrat. Am 01. April 1935 wurde er als Fahnenjunker Soldat der Wehrmacht in der Flak-Abteilung 12 in Berlin-Lankwitz. Es folgte die Ausbildung zum Offizier im Truppendienst in Berlin, Dresden (1936), Merseburg/Saale (1936-38), Baden bei Wien und in Wien (1938-39). Die ersten Kriegseinsätze erlebte Helmut Schüler 1939 in Oberschlesien und bei der Flak-Scheinwerfer-Batterie der Luftverteidigungszone West bei Düren und in der Eifel.

1940 heiratete er Sigrid Herfurth; der Sohn Eckard wurde 1942, die Tochter Jutta 1943 geboren. In Merseburg wurden seine Frau und Eckard 1944 durch Bombentreffer getötet.

1940 folgten Einsätze im Raum Essen und eine Ausbildung an der Funkmessschule der Luftwaffe Berlin-Heiligensee. 1941 wurde er Lehrer für Funkmesswesen an der Luftkriegsschule 6 Berlin-Bernau und anschließend Hauptmann und Batteriechef einer Leichten Flak-Batterie (SF) der 7. Panzer-Division an der Ostfront. 1942/1943 leistete er Einsätze am Don und wurde dann Batteriechef in der Führer-Flak-Abteilung FHQ. 1944 war er als Major Abteilungskommandeur der Leichten Flak-Sturmabteilung 98 in Rennes und erlebte die Kämpfe in der Normandie. Am 21.08.1944 geriet er bei Falaise (südl. Caen) in Gefangenschaft und kam in Gefangenenlager in England, Schottland und USA.

Bei Kriegsende wurde er im Lager Sandborstel/Bremervörde interniert, wo er am 21.12.1946 entlassen wurde.

Er absolvierte eine Ausbildung als Landwirt in Burgsteinfurt und Bad Harzburg und wurde selbständiger Landwirt in Burgsteinfurt. In dieser Zeit lernte er Änne Hüsing kennen und heiratete sie 1948 (Sie verstarb 1981).

Am 01.04.1956 erfolgte der Diensteintritt in die Bundeswehr als Major und Prüfoffizier der Annahmeorganisation in Köln.

1956 wurde Helmut Schüler stv. Bataillonskommandeur des PzFlaArtBtl 3 in Schleswig und nahm an einem Lehrgang für US Flugabwehr-Stabsoffiziere am Army Air Defence Center Fort Bliss, Tx., USA, teil. Anschließend übernahm er im Dezember 1957 als Kommandeur das PzFlaBtl 3 in Achim.

Von 1959-1964 war er Dezernent für die Ausbildung der Heeresflugabwehrtruppe im Truppenamt Köln und erarbeitete ca. 25 Ausbildungs- und Führungsvorschriften grundlegend.

1964 wurde er bis 1967 Korpsflugabwehrkommandeur im I. Korps Münster mit fachlicher Unterstellung der sechs norddeutschen Fla-Verbände. Neben dem Ausbau der Luftverteidigung im Korps verdichtete er die Kooperation mit britischen und niederländischen Flugabwehrverbänden.

1967-1968 wurde als Oberst Kommandeur der Lehrgruppe A der Heeresflugabwehrschule in Rendsburg und damit verantwortlich für die Ausbildung des Nachwuchses und des Führerpersonals der Truppengattung. Er legte den technischen Ausbildungsschwerpunkt auf Elektronik und ermöglichte ausgewählten Offizieren der Truppengattung ein Studium an einer Fachhochschule oder einer technischen Universität.

1968 erfolgte die Ernennung zum General der Heeresflugabwehrtruppe und als Inspizient der Fliegerabwehr aller Truppen im Heer im Truppenamt in Köln, eine Funktion, die er bis 1974 bekleidete. In dieser Zeit erwarb sich Helmut Schüler internationales Ansehen als Präsident der europäischen FINABEL-Arbeitsgruppe Flugabwehr. Er setzte die Neukonzeption der Flugabwehrtruppe durch Einführung der Regiments-Struktur in den Divisionen und Korps durch. Die Ausrüstung der Heeresflugabwehrtruppe mit Flak-Panzer Gepard und Flugabwehrraketen-Panzer Roland sowie mit Fliegerfäusten (MANPADS) und die Konzeption eines Fla-Führungssystems sind seine bleibenden Verdienste.

Die Verleihung des Verdienstkreuzes Erster Klasse erfolgte am 03.12.1970; am 14.04.1972 wurde er als Truppenoffizier zum Brigadegeneral befördert.

Am 31. März 1974 schied er mit der Versetzung in den Ruhestand aus dem aktiven Dienst aus; er wurde mit einem Großen Zapfenstreich in Köln verabschiedet.

Das Kennenlernen von Sabine Beckherrn erlebte er als ein besonderes persönliches Glück im Alter; er heiratete sie 1982.

Namen und Stichworte

194

Abkürzungen

AAI	Ausbildungsausstattung Instandsetzung
ADIZ	Air Defense Identification Zone
AFB	Air Force Base
AFCENT	Allied Forces Central Europe
AFF	Aufklärungs-, Führungs- und Feuerleitfahrzeug (leFlaSys)
AHEAD	Advanced Hit Efficiency And Destruction
AIRSOUTH	Air Forces Southern Europe
ASF	Ausbildungsanlage Simulator Flak-Batterie
ATAF	Allied Tactical Air Force
AWACS	Airborne Early Warning and Control System
BAA	Battalion Attack Area
BCC	Battery Control Central
BCT	Battery Control Trailer
BF	Batterieführungsfahrzeug (leFlaSys)
BMVg	Bundesministerium der Verteidigung
BPFA	Bureau de Programmes Franco-Allemand
BTE	Battery Terminal Equipment
CAROL/CAROLA	Cabine Roland / -Allemand
CDG	Coder Decoder Group
CINCENT	Commander in Chief Central Europe
COMLANDCENT	Commander Land Forces Central Europe
CP	Command Post
C-RAM	Counter Rocket, Artillery, Mortar
CRC	Control and Reporting Centre
CTLA	Chef der Truppenluftabwehr in den Landstreitkräften der NVA
CWAR	Continuous Wave Aquisition Radar
DDR	Deutsche Demokratische Republik
DHS	Diensthabendes System des Warschauer Pakts
ECM	Electronic Counter Measures (Elektronische Störmaßnahmen)
ECCM	Electronic Counter Counter Measures (Elektronische Schutzmaßnahmen)
EG	Einsatzgeschwader
EloSM	Elektronische Schutzmaßnahmen
EMCON	Emissions Control
FAST	Flugabwehr-Aufklärungsschnittstelle Tiefflugbereich
FGR	Flugabwehrgefechtsstand Roland
FlaArt	Flugabwehr-Artillerie ...
FlaLBtl	Flugabwehr-Lehrbataillon
Flak	Flugabwehrkanone(n)
FlakPz	Flugabwehrkanonenpanzer

FlaRak	Flugabwehr-Rakete(n)
FlaRakPz	Flugabwehrraketenpanzer
FlaRakRad lvb Roland	luftverladbares FlaRak-System Roland auf Radfahrgestell
FlaRakRad Roland (FRR)	Flugabwehrraketensystem Roland auf Radfahrgestell
Flf	Fliegerfaust
FLG	Feuerleitgerät
FRAG	FlaRak-Abteilungsgruppen (NVA)
FRAZ	FlaRak-Ausbildungszentrum (NVA Uffz Ausb)
FRA	FlaRak-Abteilungen (NVA)
FuTT	Funktechnische Truppen (NVA)
FZS	Ausbildungsanlage Flugzielsimulator
GebFla	Gebirgsflugabwehr ...
GE	Länderabkürzung für Deutschland
GEADGE	German Air Defence Ground Environment
GEHOC	German HAWK Operations Center
GenMaj	Generalmajor
GIADS	German Improved Air Defence System
gl	geländegängig
GSSD	Gruppe der sowjetischen Streitkräfte in Deutschland
HELIP	Hawk European Limited Improvement Program
HF	Hochfrequenz
HFlaAFüSys	Heeresflugabwehraufklärungs- und –gefechtsführungssystem
HFlaTr	Heeresflugabwehrtruppe
HIP	US HAWK Improvement Program
HIPAR	High Power Aquisition Radar
HPIR	High Powered Illumination Radar
HVK	Hauptverteidigungskräfte
ICC	Information Coordination Central
ID	Infanterie-Division der NVA
IFF	Identification Friend/Foe
IR/UV	Infrarot/Ultraviolett
IRST	Infrared Search and Track
JaboG	Jagdbomber-Geschwader
KG	Kommandierender General
KRK	Krisenreaktionskräfte
KWS	Kampfwertsteigerung
LaSK	Landstreitkräfte (NVA)
LCT	Launching Control Trailer
LeFlaSys	Leichtes Flugabwehrsystem
LKW 5t tmil gl	teilmilitarisierter, geländegängiger LKW, Traglast max. 5 t
LOPAR	Low Power Aquisition Radar
LSK	Luftstreitkräfte (NVA)
LTG	Lufttransport Geschwader

LV	Luftverteidigung (NVA)
lvb	luftverladbar
LVD	Luftverteidigungsdivision (NVA)
MANPADS	Man Portable Air Defense System
MD	Mechanisierte Division der NVA
MES	Material-Erhaltungsstufe
MFR	Militärischer Führungsrat
MHM	Militärhistorisches Museum der Bundeswehr
mil / tmil	militarisiert / teilmilitarisiert
MK	Maschinenkanone
MTR	Missile Tracking Radar
MTW	Mannschaftstransportwagen
NADGE	NATO Air Defence Ground Environment
NAMFI	NATO Missile Firing Installation, Akrotiri, Kreta GR
NATINAD	NATO Integrated Air Defense
NDV	Nutzungsdauerverlängerung
NSOC	National Sector Operation Center
NVA	Nationale Volksarmee
OC	Operations Central
OCCAR	Organisation Conjointe de Coopération en Matière d'Armement
Offz	Offizier
OP	Observation Post
PAR	Pulse Aquisition Radar
PCP	Platoon Command Post
Radar 2D /3D	Radargerät mit zwei-/drei-dimensionaler Vermessung (Seite, Entfernung, Höhe)
RAFG	Royal Air Force Germany
RakSLw	Raketenschule der Luftwaffe
RCT	Radar Control Trailer
REMUS	Rechner-gestütztes Mess- und Prüfsystem des Heeres
ROR	Range Only Radar
SACEUR	Supreme Allied Commander Europe
σ [m^2]	Angabe der äquivalenten Radarrückstrahlfläche
SAM	Surface-to-Air-Missile
SARO	Sonderaufbau Roland
SF	Schnittstellenfahrzeug (leFlaSys)
SFL	Selbstfahrlafette
SHAPE	Supreme Headquarter Allied Power Europe
SOC	Sector Operation Centre
SPz	Schützenpanzer
STA	Schießtaktische Auswerteanlage
SU	Sowjetunion
TAusbZLw	Technisches Ausbildungszentrum der Luftwaffe

TCA	Tactical Command Assistant
TCO	Tactical Command Officer
TLA	Truppenluftabwehr (NVA)
TRR	Target Ranging Radar
TSLw	Technische Schule der Luftwaffe
TTR	Target Tracking Radar
ÜKR	Ausbildungsanlage Übungskampfraum
UF	Unterstützungsfahrzeug (leFlaSys)
USAF	US-Air Force
V_0	Geschossanfangsgeschwindigkeit
WP	Warschauer Pakt
WSA	Werkstattausstattung
WSO	Waffensystemoffizier
WT	Waffenträger (leFlaSys)
ZDv	Zentrale Dienstvorschrift
ZwSF	Zwillingswaffe auf Selbstfahrlafette

Literatur- und Quellenverzeichnis

In Ergänzung zu den angegebenen Quellen und Literaturangaben wurden zahlreiche der im Text, in Bildunterschriften und in den Anmerkungen enthaltenen Informationen im Internet mit den jeweils relevanten Stichworten und Suchbegriffen recherchiert.

Abresch, Rolf (e.a.)	Der Soldat und seine Ausrüstung; Report Verlag; Bonn 2002
Anweiler, Karl; Blank, Rainer	Die Rad- und Kettenfahrzeuge der Bundeswehr – 1956 bis heute, Bechtermünz Verlag, Augsburg 1998
Ausbildungszentrum HFlaTr	Informationen zur HFlaTr, Rendsburg 2008
Autorenteam DaimlerChrysler Aerospace	Systemhandbuch HFlaAFüSys, Ottobrunn 1999
Autorenteam MBB-Apparate	Flugabwehr-Lenkflugkörpersystem ROLAND, Ottobrunn 1980
Autorenteam MBB-Verteidigungssysteme	Flugabwehr-Lenkflugkörpersystem FRR-ROLAND, Ottobrunn 1985
Autorenteam Oerlikon Contraves	35 mm FlakPz Gepard; Zürich 1976
Autorenteam Rheinmetall Defence	Flak 20 mm Zwilling, Düsseldorf 1970
Autorenteam Soldat & Technik	FlaRakPz Roland, Heft Nr. 9/1981
Birk, Eberhard; Möllers, Heiner (Hrsg.)	Luftwaffe und Luftverteidigung - Schriften zur Geschichte der Deutschen Luftwaffe, Bd. 6; Miles-Verlag, Berlin 2017
Bundesminister der Verteidigung - FüH V3	TM 9-7218 Flak 40mm Zw SF Bedienung und Truppeninstandhaltung, Washington, D.C. Mai 1957, Übersetzung Bonn 1959
Bundesministerium der Verteidigung	Erlass StS Tgb.Nr. 4146/56 VS-NfD vom 26.11.1956

Bundesministerium der Verteidigung	HDv 100/1 Truppenführung; Bonn 1962
Bundesministerium der Verteidigung	HDv 273/2 Der Flugabwehrzug Flak 40 L 70; Bonn 1967
Bundesministerium der Verteidigung	HDv 271/140 Das Panzerflugabwehrraketenregiment; Bonn 1988
Bundesministerium der Verteidigung	TDv 1425/003-10 Flugabwehrlenkflugkörpersystem Roland Flugabwehrwaffe; Bad Neuenahr 1983
Bundesministerium der Verteidigung	TDv 2350/034-12 Flugabwehrlenkflugkörpersystem Roland Trägerfahrzeug; Bad Neuenahr 1981
Erbe, Jürgen (e.a.)	Unser Heer; Report Verlag; Bonn 2000
Fensch, Christian	Arbeitsunterlagen zur Geschichte der HFlaTr, Köln 1977
Gemeinschaft der HFlaTr e.V.	Die Geschichte der FlaTr des Deutschen Heeres, Osterrönfeld 2017
Gemeinschaft der HFlaTr e.V. (Hrsg.)	Flugziel auf Kurs – Die Geschichte der HFlaTr 1950 - 2012, Motorbuch-Verlag, Stuttgart 2013
Haller, Erwin; Behrendt, H.-G.	Das Leichte Flugabwehrsystem des Heeres; in: Wehrtechnik, Bonn Mai 1997
Horst, Siegfried	Offizier bei den Fla-Raketen der NVA – Erinnerungen und Gedanken; Verlag Dr. Köster, Berlin 2009
Hubatschek, Gerhard	Bundeswehr – 50 Jahre Einsatz für den Frieden, Report Verlag; Bonn 2005
Hubatschek, Gerhard	Das Heer im Einsatz; Report-Verlag; Bonn 2003
Hubatschek, Gerhard (Hrsg.)	50 Jahre Wehrtechnik und Ausrüstung, Report Verlag; Bonn 2005
Kilian, Dieter E.	Generale und Admirale der Bundeswehr; Osning Verlag; Bielefeld 2014
Kirchhainer, B.; Reichelt, D.; Herrmann, L.	43. Fla-Raketenbrigade „Erich Weinert" – Fakten und Geschichten; Steffen Verlag, Friedland 2012
Kneiphoff, Paul; Brix, Michael	Die Truppenluftabwehr der NVA, Verlag am Park, Berlin 2004
Ministerium des Innern	Handbuch für den Kämpfer – Kampfgruppen der Arbeiterklasse DDR; Verlag des Ministeriums für Nationale Verteidigung; Berlin 1962

Otto, Karl-Heinz   Truppenluftabwehr, Reihe Militärtechnische Hefte, Militärverlag der DDR (VEB), Berlin 1989

Patzki, Hans Werner   Hohenmölsen – Erinnerungen an den Aufbau gesamtdeutscher Streitkräfte; Manuskript 1991

Presse- und Informationsamt der Bundesregierung   Chronologie der Bundeswehr; Bonn 1997

Quint, Siegfried (e.a.)   Handbuch für Fla-Einheiten; Militärverlag der DDR (VEB), Berlin 1990

RakSLw USA/Grp ATV   Chronik der Flugabwehr- und Flugabwehrraketentruppe der Luftwaffe, 5. Aufl.; Ft. Bliss, Januar 1995

Rogg, Matthias   Kompass Militärgeschichte; Rombach Verlag; Berlin 2013

Schüler, Helmut   Langer Weg; BoD; Norderstedt 2013

Schulz, Lothar (Hrsg.)   50 Jahre Heer; Report Verlag; Bonn 2006

Spielberger, Walter J.   Der Weg zum Flak-Panzer Gepard - Die geschichtliche Entwicklung der deutschen Flugabwehrpanzer; Bernhard & Graefe Verlag, München 1980

Spreckelsen, Wilhelm von; Vesper, Wolf-Jochen   Blazing Skies – Die Geschichte der FlaRakTr der Luftwaffe; Isensee Verlag, Oldenburg 2004

Stolpe, Rolf   Die Entwicklung der TLA/LaSK der NVA; ArbGrp Geschichte der NVA im LVbd Ost des DBwV (AGGI) Heft 19(II/2006)

Zaloga, St. J.; Loop, J. W.   Soviet Tanks and Combat Vehicles 1946 to the Present; Dorset (UK) 1987

Verzeichnis der Bilder und Illustrationen

Der Autor dankt allen Dienststellen, Angehörigen der Bundeswehr und Personen, die durch Beratung, Recherche und Überlassung von Bildmaterial bei der Erstellung des Buches mitgeholfen haben. Die Namen aller Fotografen und Autoren sind, soweit sie feststellbar waren, mit Hinweis auf die Seite des Abdrucks angegeben.

Gemeinfreie Mediensammlung Wikimedia Commons: 34, 37, 46 US-Army, 47 Butch, 47 US-Army, 48 US-Army, 48 Freimuth, 59 Bundesarchiv, 60 Mihalache, 64, 82 Bukvoed, 86, 90 Oberst, 90, 94, 100 Clocau, 129, 131, 150, 151, 152, 153, 155 Averse, 156 Averse, 157, 159 Holt, 160, 162, 163 Reynolds, 177 Radig, 182 Lindemann

Bundeswehr: MGFA: 38, 42 ; 119 MedZ, 131 Hildemann, 132 Hildemann, 133, 134 Hildemann, WTS: 183 Wirtgen; DPzMuseum: 184, 185

Archiv HFlaS: 25, 30, 31, 33, 37, 113, 136, 137, 138, 139, 140, 146, 147, 148, 149

Archiv Gemeinschaft HFlaTr: 15, 16, 20, 21, 26, 29, 191

Archiv Report Verlag: 37, 46, 106, 112, 114, 115

Firmenarchive: Krauss Maffei: 105, 107; MBB/DASA: 114, 117, 118, 119, 120, 147; Rheinmetall: 142, 143

Privatarchive: Hoffmann 35; Preylowski 51, 52, 53, 54; Kirchhainer 154; Patzki 159, 161, 164; RAG 189, 190; Museum Cottbus 186; Museum Stammheim 187; MUNA Museum 188; Autor: U1, U4, 24, 25, 26, 34, 47, 56, 59, 62, 63, 67, 69, 70, 73, 74, 76, 77, 80, 82, 84, 85, 88, 89, 91, 94, 95, 98, 99, 102, 106, 115, 116, 121, 125, 158, 178, 179, 180, 181, alle StO-Grafiken

Autorenverzeichnis

Udo Beitzel, Brigadegeneral a.D., geb. 1940, war Angehöriger der Heeresflugabwehrtruppe, seit 1990 General der Heeresflugabwehr und zuletzt 1994 – 2000 zugleich Kommandeur der Heeresflugabwehrschule.

Michael Kleibömer; Oberstleutnant a.D., geb. 1950, war Angehöriger der Heeresflugabwehrtruppe, Lehrgruppenkommandeur an der Heeresflugabwehrschule und zuletzt bis 2009 Stabsoffizier im Landeskommando Baden-Württemberg. Seit 2013 ist er Vorsitzender der Gemeinschaft der Heeresflugabwehrtruppe e.V.

Dr. phil. Heiner Möllers, Oberstleutnant, geb. 1965, ist wissenschaftlicher Mitarbeiter und Projektbereichsleiter Medien im Zentrum für Militärgeschichte und Sozialwissenschaften der Bundeswehr in Potsdam.

Hans-Günter Behrendt, Oberstleutnant a.D., geb. 1943, war Angehöriger der Heeresflugabwehrtruppe und zuletzt 1994 – 2000 Referent für Flugabwehrwaffensysteme des Heeres in der Hauptabteilung Rüstung des Bundesministeriums für Verteidigung in Bonn.

Danksagung

Dieses Buch ist durch die Mithilfe vieler Unterstützer und Helfer entstanden, ihr fachlicher Rat und auch Kritik haben mir bei der Komplexität des Themas geholfen. Dies gilt besonders für meine Ko-Autoren, die mit Engagement und großer Sachkunde Texte beigesteuert haben.

Dank auch für die Unterstützung, die mir Oberst a.D. Ulrich Rapreger, Oberst a.D. Peter Preylowski, Generalleutnant a.D. Hans-Joachim Schubert und Oberstleutnant Siegmar Schlubat gegeben haben, obwohl dies für sie oft eine zusätzliche Belastung bedeutete. Einen herzlichen Dank sage ich auch Oberstleutnant a.D. Lothar Hoffmann für seinen Beitrag, seine Ratschläge und Hinweise zur Truppenluftabwehr der NVA.

Ein besonderer Dank gilt Brigadegeneral a.D. Udo Beitzel für seine einführenden Worte und die Hinweise, die er mir bei zahlreichen Fragen geben konnte.

Große Anerkennung und viel Dank verdient auch Oberstleutnant a.D. Klaus Wotruba für seine sorgfältige, kritisch lektorierende Kontrolle aller Texte und Tabellen.

Und schließlich danke ich auch meiner Frau, deren Geduld und Nachsicht ich sehr in Anspruch genommen habe.

Hans-Günter Behrendt

Nachbemerkung

Die Autoren des Buches „Blazing Skies" über die Geschichte der Flugabwehrraketentruppe der Luftwaffe der Bundeswehr, Oberst a.D. von Spreckelsen und Oberstleutnant a.D. Vesper, haben am Ende ihres Werks angemerkt, dass glücklicherweise die deutsche Flugabwehrraketentruppe bis heute kein gegnerisches Flugzeug hat bekämpfen müssen. Stets war bei den Bereitschaftsdiensten und bei Auslandseinsätzen die Einnahme der höchsten Stufe der Gefechtsbereitschaft – die Stufe „Blazing Skies" – der Lage angemessen, die Stufe „Battle Stations" war nie erforderlich.

Die Feststellung, dass in Deutschland Bekämpfungen eines Angreifers nicht erforderlich waren, gilt für alle Truppenteile der Flugabwehr der Bundeswehr. Die Soldaten der Flugabwehr haben mit großem Können, Sachverstand und Engagement ihren Dienst versehen. Bekämpfungen haben weder irrtümlich, noch versehentlich oder wegen eines Führungsversagens stattgefunden, wie es jüngst im Osten Europas geschehen ist.

Auch Generalleutnant a.D. Kneiphoff, von 1973 bis Februar 1990 Chef Truppenluftabwehr der Landstreitkräfte der DDR, bilanziert in seinem Rückblick auf die Truppenluftabwehr der Nationalen Volksarmee mit Stolz und Genugtuung, die NVA sei die einzige deutsche Armee gewesen, die nie einen Krieg führen musste.

Die Menschen im Westen und im Osten Deutschlands können sich in der Tat glücklich schätzen und dankbar sein, seit 1945 trotz aller Krisen und politischen Gegensätze so viele Jahre in stabilen, friedvollen und im Westen freiheitlichen Bedingungen gelebt zu haben. Die aktuelle pandemische Bedrohung unserer Gesundheit gibt Anlass, sich dessen bewusst zu sein.

Carola Hartmann Miles-Verlag

Schriften zur Geschichte der Deutschen Luftwaffe

Eberhard Birk, Heiner Möllers, Wolfgang Schmidt (Hrsg.), *Die Luftwaffe zwischen Politik und Technik, Bd. 2,* Berlin 2012.

Eberhard Birk, Heiner Möllers (Hrsg.), *Luftwaffe und Luftkrieg, Bd. 3,* Berlin 2012.

Claas Siano, *Die Luftwaffe und der Starfighter. Rüstung im Spannungsfeld von Politik, Wirtschaft und Militär, Bd. 4,* Berlin 2016.

Eberhard Birk, Peter Andreas Popp (Hrsg.), *Luftwaffenoffizier 21 – Das Selbstverständnis der Luftwaffenoffiziere des 21. Jahrhunderts, Bd. 5,* Berlin 2016.

Eberhard Birk, Heiner Möllers (Hrsg.), *Luftwaffe und Luftverteidigung, Bd. 6,* Berlin 2017.

Dirk Schreiber, *Die Luftwaffe und ihre Doktrin. Einsatzkonzeptionen bis 1971, Bd. 7,* Berlin 2018.

Hans-Werner Ahrens, *Die Transportflieger der Luftwaffe 1956 bis 1971. Konzeption – Aufbau – Einsatz, Bd. 8,* Berlin 2019.

Hans-Werner Ahrens, *Die Rettungsflieger der Luftwaffe 1956 bis 1971. Konzeption – Aufbau – Einsatz, Bd. 9,* Berlin 2019.

Eberhard Birk, Heiner Möllers (Hrsg.), *Die Luftwaffe und ihre Traditionen, Bd. 10,* Berlin 2019.

Daniel Schilling, *Die Rudel-Affäre 1976. Genese, Wirkung und Folgen eines politischen Skandals, Bd. 11,* Berlin 2020.

Schriften zur Tradition

Eberhard Birk, Winfried Heinemann, Sven Lange (Hrsg.), *Tradition für die Bundeswehr. Neue Aspekte einer alten Debatte,* Berlin 2012.

Donald Abenheim, Uwe Hartmann (Hrsg.), *Tradition in der Bundeswehr. Zum Erbe des deutschen Soldaten und zur Umsetzung des neuen Traditionserlasses,* Berlin 2018.

Joachim Welz, *Vom Kontingentsheer zum Reichsheer: Militärkonventionen als Motor der Wehrverfassung,* Berlin 2018.

Donald Abenheim, Uwe Hartmann, *Einführung in die Tradition der Bundeswehr. Das soldatische Erbe in dem besten Deutschland, das es je gab,* Berlin 2019.

Eberhard Birk, Heiner Möllers (Hrsg.), *Die Luftwaffe und ihre Traditionen (aus der Reihe Schriften zur Geschichte der Deutschen Luftwaffe, Band 10),* Berlin 2019.

Hans-Günter Behrendt (Hrsg.): *Erinnerungsorte der Bundeswehr – Personen, Ereignisse und Institutionen der soldatischen Traditionspflege,* Berlin 2020.

Erinnerungen

Blue Braun, *Erinnerungen an die Marine 1956–1996,* Berlin 2012.

Klaus Grot, *So war's, damals. Dienstchronik eines Pionieroffiziers im Kalten Krieg 1954–1991,* Berlin 2014.

Rainer Buske, *Eine Reise ins Innere der Bundeswehr. Wundersame Geschichten aus einer anderen Welt,* Berlin 2016.

Heinz Laube, *Duell am geteilten Himmel,* Berlin 2016.

Viktor Toyka, *Dienst in Zeiten des Wandels. Erinnerungen aus 40 Jahren Dienst als Marineoffizier 1966-2000,* Berlin 2017.

Hans-Eckhard Tribess (Hrsg.), *Im Leben unterwegs – für den Frieden. Festschrift für Wolfgang Altenburg zum 90. Geburtstag am 22. Juni 2018,* Berlin 2019.

Kurt Graf v. Schweinitz, *Notizen im Transit von Krieg und Frieden,* Berlin 2020.

Militärgeschichte

Eberhard Kliem, Kathrin Orth, *"Wir wurden wie blödsinnig vom Feind beschossen". Menschen und Schiffe in der Skagerrakschlacht 1916,* Berlin 2016.

Hans Frank, Norbert Rath, *Kommodore Rudolf Petersen. Führer der Schnellboote 1942–1945. Ein Leben in Licht und Schatten unteilbarer Verantwortung,* Berlin 2016.

Ingo Pfeiffer, *Heinz Neukirchen. Marinekarriere an wechselnden Fronten,* Berlin 2017.

Georg Neuhaus, *Am Anfang war ein Speer. Eine Chronographie der Kriegs- und Militärtechnologien,* Berlin 2018.

Eberhard Frhr. v. Senden, Friedrich Frhr. v. Senden, *Der Erste Weltkrieg 1914–1918. Erlebnisse eines jungen Leutnants,* Berlin 2020.

Einsatzerfahrungen

Sascha Brinkmann und Joachim Hoppe (Hrsg.), *Generation Einsatz. Fallschirmjäger berichten ihre Erfahrungen aus Afghanistan,* Berlin 2010.

Artur Schwitalla, *Afghanistan, jetzt weiß ich erst… Gedanken aus meiner Zeit als Kommandeur des Provincial Reconstruction Team FEYZABAD,* Berlin 2010.

Rainer Buske, *KUNDUZ. Ein Erlebnisbericht über einen militärischen Einsatz der Bundeswehr in AFGHANISTAN im Jahre 2008,* Berlin ²2016.

Offiziersbibliothek

Uwe Hartmann, *Offiziersbibliothek I: Deutschland,* Berlin 2020.